玩转

美式
橄榄球

IQB 爱球宝课程研发中心　编

人民邮电出版社

北京

图书在版编目（CIP）数据

玩转美式橄榄球 / IQB爱球宝课程研发中心编. --
北京 : 人民邮电出版社, 2017.8
ISBN 978-7-115-46380-7

Ⅰ. ①玩… Ⅱ. ①I… Ⅲ. ①橄榄球运动－基本知识
Ⅳ. ①G849.2

中国版本图书馆CIP数据核字(2017)第188091号

免责声明

内 容 提 要

美式橄榄球作为美国最受喜爱的职业运动，对运动员的速度、力量、耐力、灵敏和柔韧等素质
要求极高。橄榄球的比赛既紧张又刺激，涌现出了许多有名的四分卫、跑卫、外接手、防守前锋、
后卫、安全卫等。不熟悉美式橄榄球的人，可以从书中了解它的由来、比赛规则、相关道具、每个
职位的重要性和魅力，以及科学的训练方法和比赛阵型。在这个夏季来感受橄榄球魅力吧！

◆ 编　　　　　IQB 爱球宝课程研发中心
　　责任编辑　李　璇
　　责任印制　周昇亮

◆ 人民邮电出版社出版发行　　北京市丰台区成寿寺路 11 号
　　邮编　100164　　电子邮件　315@ptpress.com.cn
　　网址　http://www.ptpress.com.cn
　　北京市雅迪彩色印刷有限公司印刷

◆ 开本：690×970　1/16
　　印张：10　　　　　　　　　　　2017 年 8 月第 1 版
　　字数：262 千字　　　　　　　　2017 年 8 月北京第 1 次印刷

定价：49.80 元

读者服务热线：**(010)81055296**　印装质量热线：**(010)81055316**
反盗版热线：**(010)81055315**
广告经营许可证：京东工商广登字 20170147 号

PREFACE
前言

  作为美式橄榄球运动的推广者，我们发现这项全美第一大体育运动在国内受到了越来越多人的关注。由于大家对美式橄榄球运动不是很了解，很多人第一感觉就是一群戴着头盔、穿着护甲的大力士横冲直撞，或是这项运动太野蛮了、太容易受伤，中国人不适合参与。其实这都是由于不熟悉这项运动而产生的误解。

  美式橄榄球是一项勇者的运动，智者的游戏，也被称为和平时代的战争游戏。在橄榄球场上不但要有强壮的身体，更要有智慧的头脑。由于球场上位置众多，每个位置对球员的特质要求也不同，任何人都可以在橄榄球场上找到自己的位置，所以是一项男女老少都可以参与的安全运动。

  为了让大家更加了解美式橄榄球运动，书中首先介绍了美式橄榄球运动发展的历史和比赛规则，让大家能看懂橄榄球比赛。其次，让青少年家长理解橄榄球运动对成长的助力作用，支持他们参与到橄榄球运动中，让我们的孩子智慧成长。为了满足初学者的需要，本书采用了图文并茂的方式，介绍美式橄榄球的训练方法和常用的战术阵型等。

  希望此书可以帮助国内美式橄榄球爱好者深入了解这项运动，进一步感受美式橄榄球的魅力，让更多的人参与其中。

FOREWORD
推荐序

　　橄榄球是一项勇敢者的游戏，更是一项充满智慧的运动。这与中国人所推崇的智勇双全的品质非常契合。现在中国参与橄榄球运动的青少年人数正在急剧增长，我们坚信通过参与橄榄球运动可以让青少年在身体和心智方面都得到健康地发展，同时也可以为成年人提供通往成功必备的宝贵技能。

　　爱球宝作为 NFL 腰旗橄榄球项目的合作伙伴，清楚地认识到橄榄球运动对于参与者群体的益处，无论是同事们、同学们、队友们还是朋友之间。他们一直致力于橄榄球运动在中国的推广，尤其是青少年橄榄球项目的普及。我们真诚地希望本书可以让更多人开始了解并参与到橄榄球这项伟大的运动。

Football is a strategic game for the brave and wise, qualities that are highly praised in Chinese culture. China is seeing a boom in youth football as it is seen as providing the best lessons in teamwork, interdependence and leadership. We strongly feel that participating in football can help youth grow healthily in body and in mind and provide the valuable skills necessary to succeed as adults.

As a partner of NFL FLAG Football Program, IQB has seen the benefits football can bring to a group of people-whether colleagues, classmates, teammates or friends and has worked tirelessly to promote the game of football in China, especially amongst youth. We hope this book can help expose more to learn about and play our great game.

NFL **NFL CHINA**

CONTENTS
目录

A/ 风靡美国，有安全保障的特色运动

B/ 让青少年智慧成长，打造未来的演练场

C/ 术业专攻的基础训练

D/ 变化莫测的阵型

Ai

风靡美国

有安全保障的特色运动

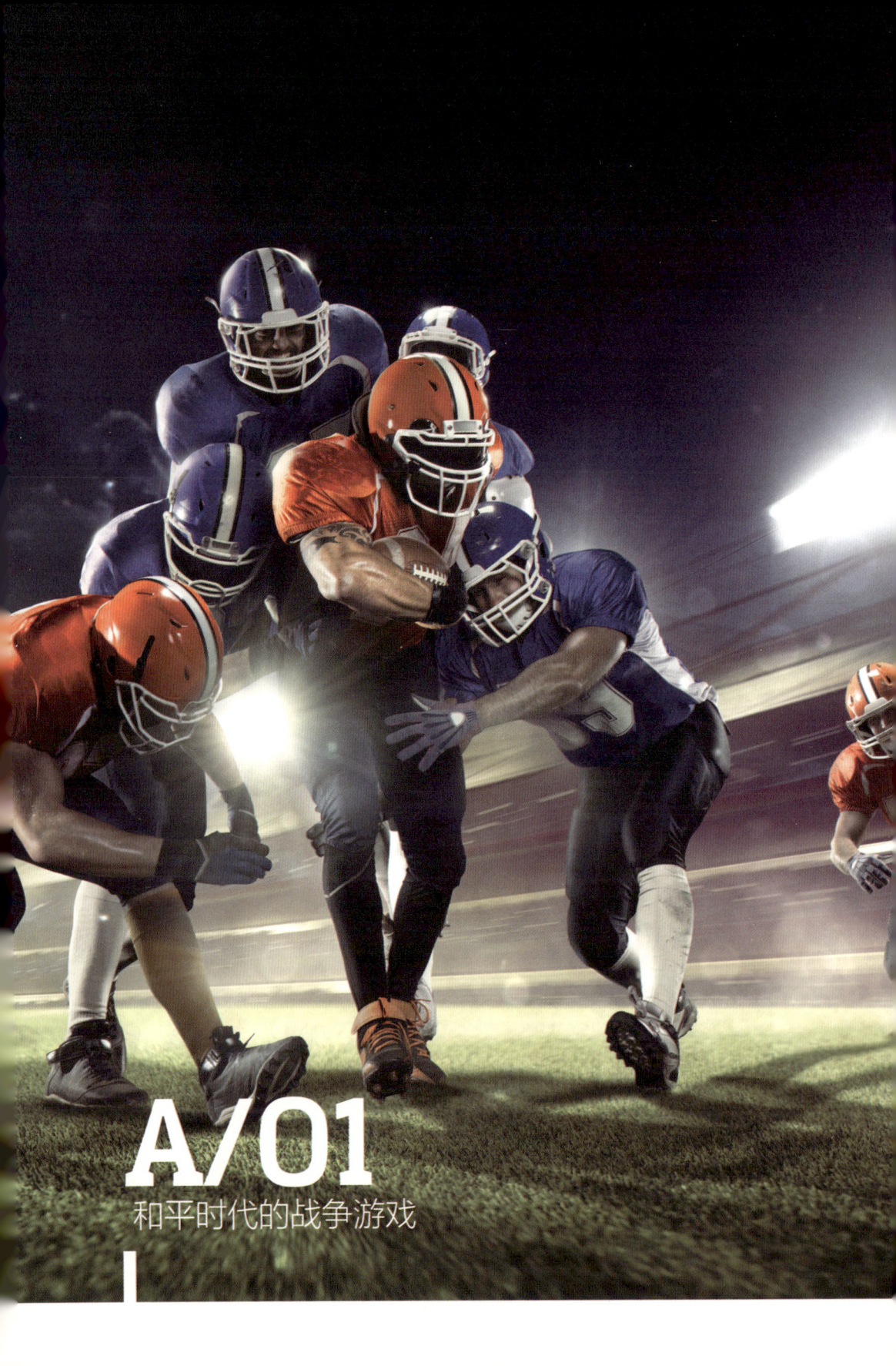

A/01
和平时代的战争游戏

近 200 年的领地争夺战

橄榄球就是一项争夺领地的运动，以攻到对方领地为最终目标。此项运动在 1823 年起源于英国拉格比（Rugby），它位于英格兰中西部沃里克郡，至今已经有近 200 年的历史。

美式橄榄球是由英式橄榄球演变而来的，1880 年耶鲁大学的教练沃尔特·坎普（Walter Camp）引进了争球线来取代英式橄榄球风格的并列队形，并建议场上球员的数目从 15 人减至 11 人，同时也规范了 7 人进攻线的排阵，他对改进美式橄榄球规则以及使其脱离英式色彩功不可没，被视为"美式橄榄球之父"。1895 年 9 月 3 日，在宾夕法尼亚州举行了第一场职业美式橄榄球赛。

和英式橄榄球只能向后传球的规则不同，美式橄榄球可以向前传球，更加强调"攻击性"，整个球队就像一架战车，每个人都是这架战车的一部分，每一次成功的进攻就使得整架战车往前移了一步，对手就后撤了一步。所以橄榄球场就像是战场，球场上的每个队员就像战士一样，为争取每一寸土地而浴血奋战。勇敢和进取精神很符合当时美国这个新兴大国的开拓精神，迎合了大众的价值观，这也是美国人热衷于橄榄球运动的原因之一。

全美最具影响力的体育运动

自 20 世纪 60 年代，美式橄榄球已经成为美国最受喜爱的运动项目。现在每年 2 月份左右举行的 NFL 总冠军赛也就是 "超级碗"（Super Bowl），基本上成为了一个非官方假日，被中国的橄榄球爱好者称为 "美国的春晚"。同时美国职业橄榄球大联盟 NFL 也是美国影响力最大的体育联盟，在青少年和成人受众中都排在第一位。

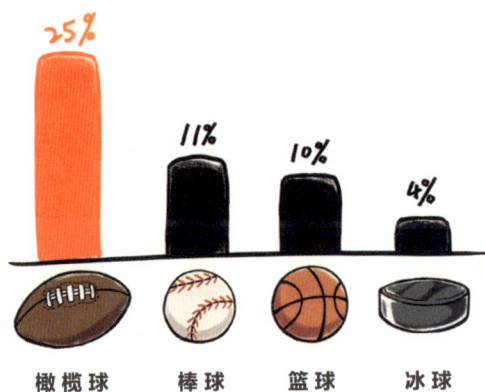

喜欢 NFL 的人数超过其他三大联盟 MLB、NBA、NHL 人数之和

橄榄球	棒球	篮球	冰球
25%	11%	10%	4%

　　2015 年赛季 NFL 常规赛场均收视人数达到 1800 万，是其他三大联盟 (NBA\
MLB\NHL) 收视人数总和的 8 倍。

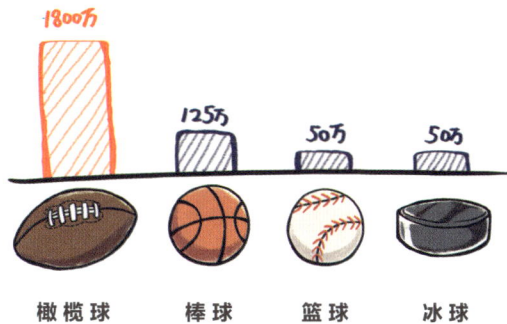

2015 年常规赛季美国各大体育联盟收
视情况对比（场均收视人数）

根据全球著名市场调研公司尼尔森的统计数据，2017 年 2 月 6 日第 51 届超级碗吸引了 1.113 亿观众，21 世纪福克斯首席执行官詹姆斯·默多克 (James Murdoch) 表示光是在超级碗比赛当天福克斯电视网就收获了 5 亿美元的广告收入。对于 2017 年的超级碗而言，一段 30 秒的广告要花掉广告主 500 万美元左右，这相当于每秒钟耗费 166667 美元。下面这张图表体现出了 1967 年以来超级碗广告费的走势，从图中可以看出广告费总体呈现上升趋势：

AVERAGE SUPER BOWL AD COSTS,1967-2017

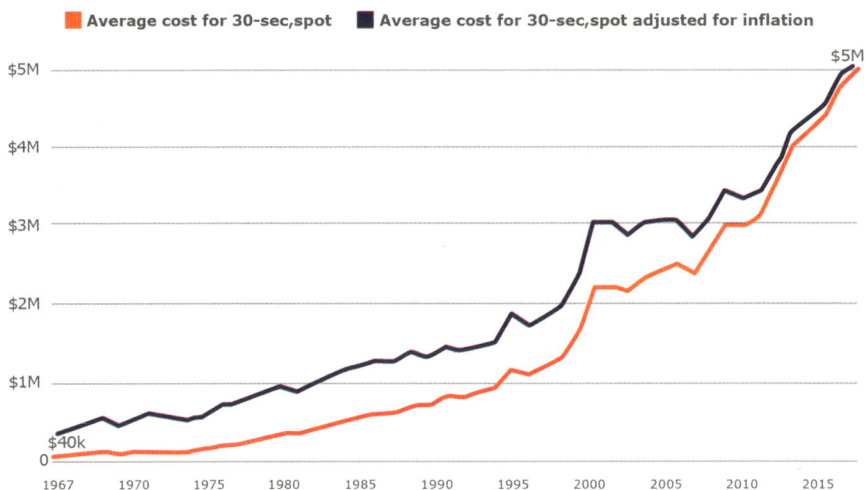

■ Average cost for 30-sec,spot　　■ Average cost for 30-sec,spot adjusted for inflation

SOURCE:Ad Age;Niclson;Kantar Medin

BUSINESS INSIDER

美式橄榄球在中国也处于快速发展阶段，2007 年 NFL 在中国设立了办事处，标志着美式橄榄球正式进入中国，2010 年至 2016 年，6 年的时间里中国球迷数量增长了 1088%。2016 年 NFL 授权爱球宝（北京）橄榄球文化发展有限公司成为 NFL 中国腰旗赛的官方合作伙伴，由爱球宝举办的 2016 年 NFL 全国腰旗比赛，设置了小学组、中学组、大学组、公开组的比赛，共有 155 支队伍参加，赛区覆盖北京、上海、广州、天津、重庆、成都、武汉、哈尔滨、长春、太原、包头、宁波等城市。同时全国各地也涌现出众多的美式橄榄球俱乐部和球队，橄榄球爱好者成几何基数增长，成为中国发展最快的体育项目。

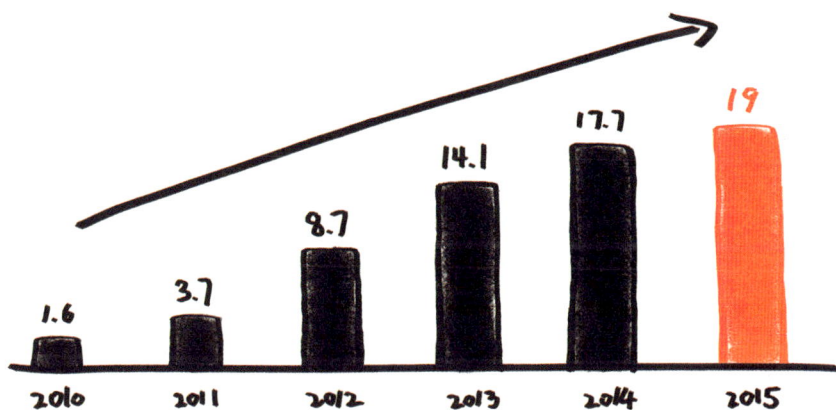

图为中国 15 ~ 54 岁城镇人口中的体育人群，球迷人数以百万为单位。

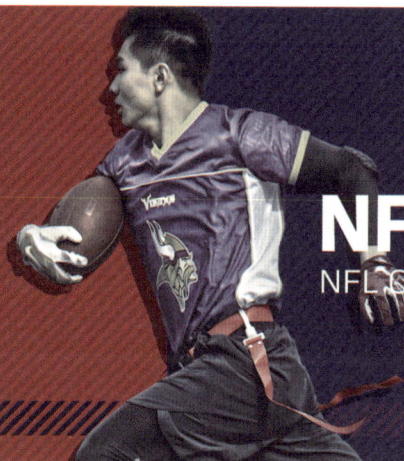

FLAG | IQB爱球宝®

NFL中国腰旗橄榄球赛
NFL CHINA FLAG FOOTBALL TOURNAMENT

2017 赛季等你来战！

A/02 独具特色的规则设置

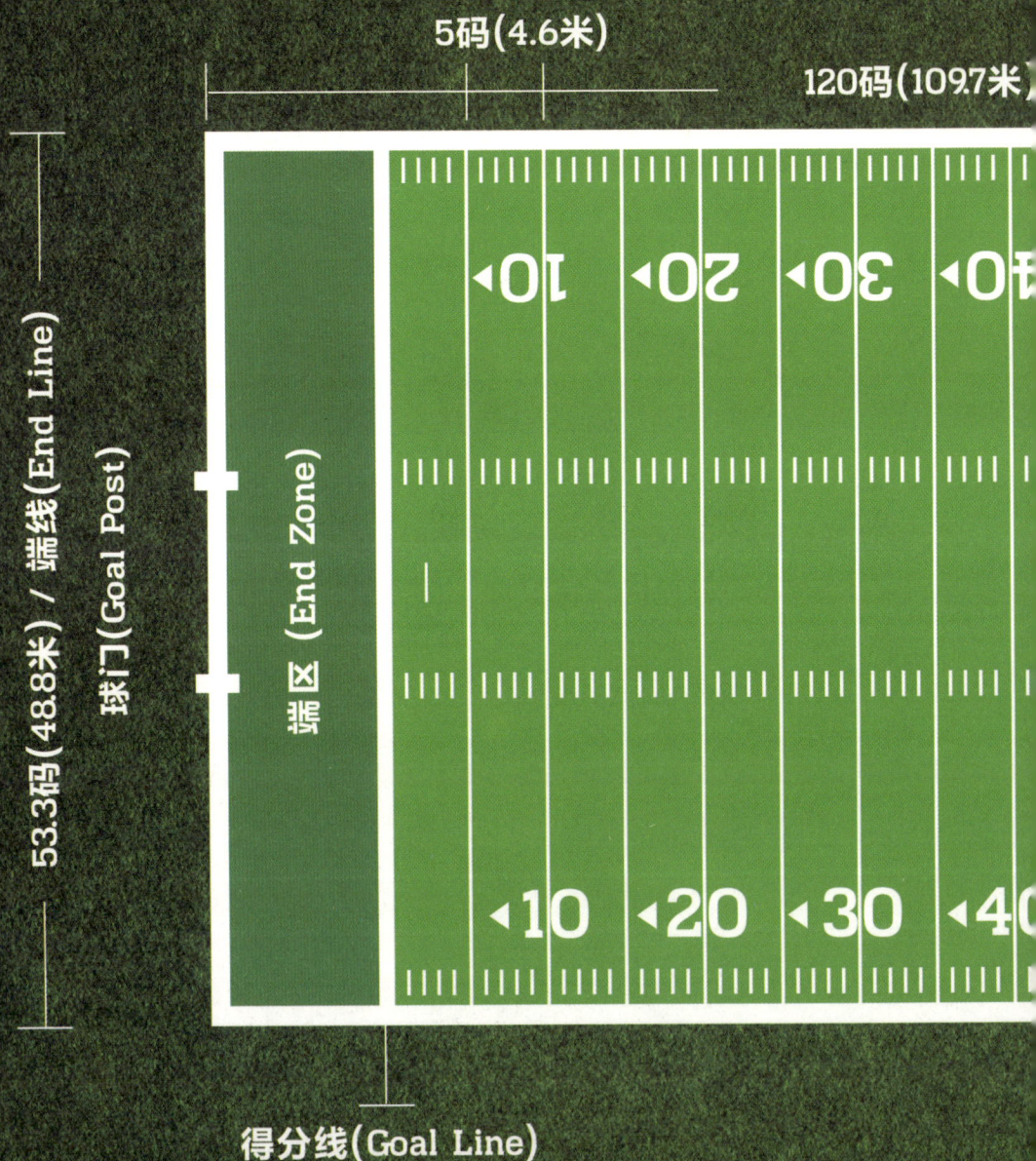

5码(4.6米)

120码(109.7米)

53.3码(48.8米) / 端线(End Line)

球门(Goal Post)

端区 (End Zone)

◀10 ◀20 ◀30 ◀40

得分线(Goal Line)

烤肉架式的比赛场地 / 美式橄榄球场

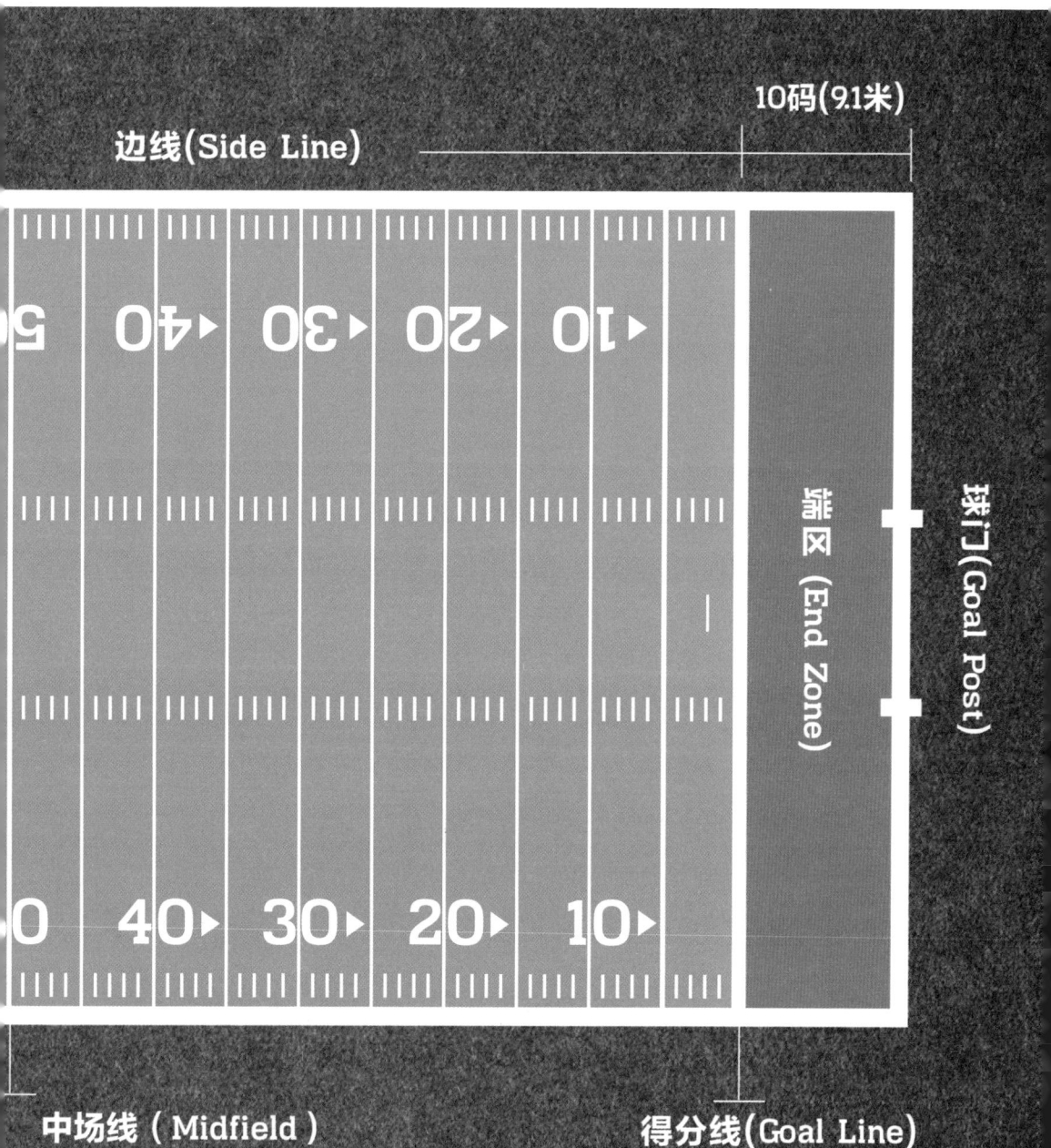

10码(9.1米)

边线(Side Line)

50 40◀ 30◀ 20◀ 10◀

端区 (End Zone)

球门(Goal Post)

0 40▶ 30▶ 20▶ 10▶

中场线（Midfield）

得分线(Goal Line)

美式橄榄球的球场常被昵称为"烤盘"（Gridiron），因为球场上标示线纵横的样式让球场看起来就像是一个烤肉架，也因为这个原因，美式橄榄球被称为"烤盘足球"（Gridiron Football），有些英语国家甚至干脆将美式橄榄球简称为"烤盘球"（Gridiron）。

美式橄榄球的标准球场是一个长 120 码（109.7 米）、宽 53.33 码（48.8 米）的长方形草坪，较长的边界称为边线（Sideline），较短的边界称为端线（End Line）。

球场两侧端线向内纵深 10 码（9.1 米）的区域叫做端区（End Zone，也称达阵区），端区的标示线称为得分线（Goal Line），两侧得分线相距 100 码（91.44 米），之间的区域也就是比赛区（Playing Field）。比赛区上距离得分线每 5 码（4.6 米）距离有一条码线（Yard Line，或称 5 码线），每 10 码（9.1 米）标示数字，直到 50 码（46 米）线到达中场线（Midfield）。

根据 NFL 的规则，球场界内的范围不包括边线和端线本身，如果球处在边线或端线之上会被判出界（Out of Bounds）。得分线算作是端区的一部分，如果球处于得分线上方时进攻方持球就算成功达阵得分。

端区末端中央部位架设两根彼此间隔 18.5 英尺（5.64 米）的球门柱（Goal Posts，又称 Uprights），中间由一根距离地面 10 英尺（3.048 米）的横杆连结在一起。球必须穿越两根球门柱之间、横杆之上才算是成功的射门。

分工明确的战斗队伍

一支美式橄榄球队通常会有 53 名队员，分为进攻组 (Offense Teams)、防守组 (Defense Teams) 和特勤组 (Special Teams)，比赛上场人数和足球一样也是 11 人，不要以为其他人都是替补人员，橄榄球比赛中如果本队是进攻，就会从进攻组挑选 11 名队员上场，如果轮到本队防守，场上的 11 名进攻队员都会换下，再从防守组挑选 11 名防守队员上场，球场上的开球、弃踢、接球回攻、射门等，又会换上特勤组人员，真正做到专人专项，分工明确。

进攻组 (OFFENSE TEAM)

- C 中锋 (Center)
- LG 左护锋 (Left Guard)
- RG 右护锋 (Right Guard)
- QB 四分卫 (Quarter Back)
- HB 跑锋 (Half Back)
- LT 左截锋 (Left Tackle)
- RT 右截锋 (Right Tackle)
- WR 外接手 (Wide Receiver)
- TE 近端锋 (Tight End)
- FB 全卫 (Full Back)

防守组 (DEFENSE TEAM)

- ML 中线卫 (Middle Line Backer)
- DE 防守端锋 (Defensive End)
- DT 防守截锋 (Defensive Tackle)
- OL 外线卫 (Outside Line Backer)
- CB 角卫 (Corner Back)
- SS 强侧安全卫 (Strong Safety)
- FS 自由安全卫 (Free Safety)

特勤组 (SPECIAL TEAM)

踢球手 (Kicker)　　弃踢手 (Punter)

扶球手 (Holder)　　回攻手 (Returner)

进攻组

四分卫（Quarter Back，QB）

　　四分卫是球队进攻的大脑，整个攻击体系的中心，所有进攻战术均通过他传达到场上。同时他也是传球进攻的发起者，精准的长传会瞬间改变比赛。新英格兰爱国者队的汤姆·布雷迪（Tom Brady）是联盟著名的四分卫之一。在2017年第五十一届超级碗中，他率领球队上演了NFL历史上绝无仅有的大逆转，在球队第四节3-28落后的情况完成翻盘逆转拿下超级碗冠军，布雷迪——一个40岁的传奇四分卫，五获超级碗冠军、四获MVP，成为NFL史上第一人。可以看出四分卫在具备快速准确的传球能力和判断力的前提下，更需要场上的应变能力和阅读防守能力。

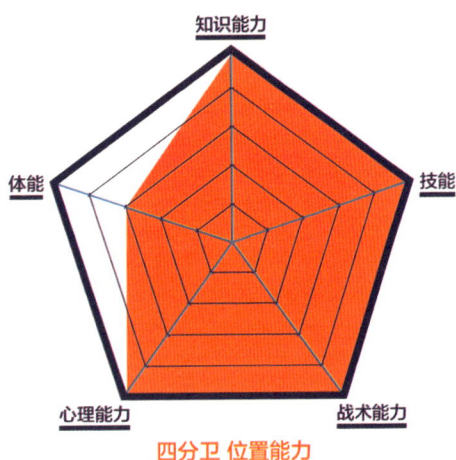

知识能力

体能

技能

心理能力

战术能力

四分卫 位置能力

汤姆·布雷迪（Tom Brady）

阿德里安·皮特森（Adrian Peterson）

跑卫（Running Back，RB）

跑卫是持球跑动进攻的球员，凭力量、脚步和速度变化穿透对方防线推进是他们的工作，在某些情况下也会参与接球和保护四分卫。跑卫又分为跑锋（Half Back, HB）和全卫（Full Back, FB）。

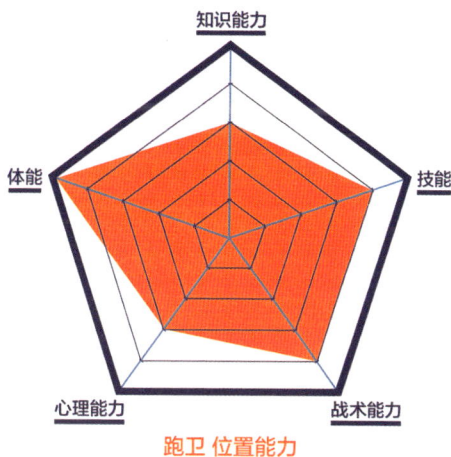

跑卫 位置能力

在冲锋进攻时，通常是由体型壮硕的队友在前面开路，而由跑锋跟在其后持球冲锋。他们接到四分卫的交递球后先护住球，然后决定最有利的冲刺路线以获得最大的进攻距离。而在抛传进攻时，他们可以变成接球手或是协助进攻内锋来保护四分卫。速度与灵敏度是跑卫的主要条件。联盟里的代表人物便是明尼苏达维京人队的阿德里安·皮特森（Adrian Peterson）。他在重伤后回归赛场，并在同年打破尘封已久的单赛季冲跑码数记录，获得常规赛 MVP。皮特森为将来想要竞争 MVP 的跑卫们树立了新的标准。

23

IQB

外接手 (Wide Receiver，WR)

外接手要通过变向摆脱防守，接球进攻，所以对速度和敏捷度要求很高。一个好的外接手能按照四分卫在发球前所指示的路径前冲，闪躲并甩开对方的防守，以创造出有利的接球的条件。外接手在接球后仍然可以持球前冲，直到被拦截或者跑出界为止。史上最伟大的外接手就属前旧金山 49 人队的杰里·莱斯（Jerry Rice）。他帮助球队三获超级碗冠军，并且是第一位拿下超级碗最有价值球员（MVP）的外接手，闪电般的奔跑速度，非凡的灵活性和柔和的手感是他能够创造多项 NFL 记录的关键因素。外接手需要拥有速度、灵活、力量和绝佳的接球手感才能在强手如林的 NFL 中占据一席之地。

杰里·莱斯（Jerry Rice）

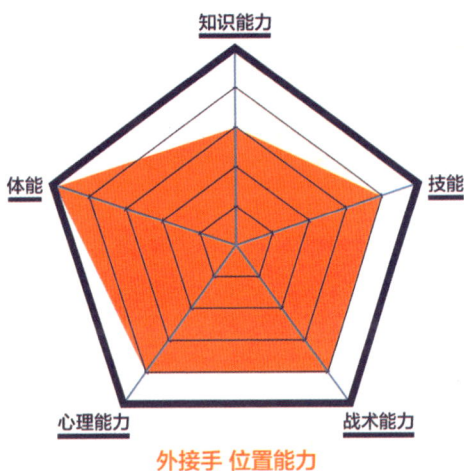

知识能力

技能

体能

心理能力

战术能力

外接手 位置能力

近端锋（Tight End，TE）

近端锋兼有接球能力和开路能力，时而协助进攻内锋做阻挡，时而担任接球手。在传球进攻中，他们是四分卫的矛，而在跑动进攻中，他们是跑锋的盾。联盟屈指可数的杰出近端锋中，相信最受喜爱的就是新英格兰爱国者队的罗布·格隆考斯基（Rob Gronkowski）了。他是爱国者队的重要武器，他高大的身材和超强的接球能力，会给任何一支遇到的防守队伍造成不小的麻烦，他在接球后向

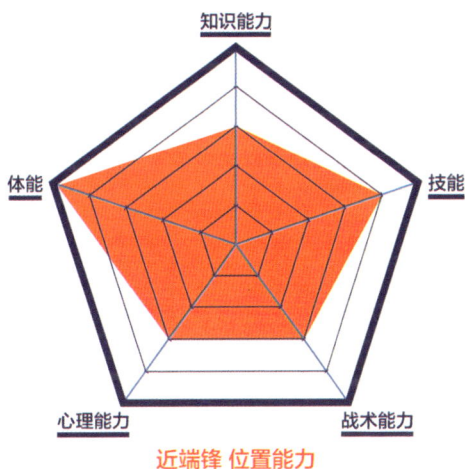

近端锋 位置能力

罗布·格隆考斯基（Rob Gronkowski）

前的推进能力更是让人害怕。近端锋要求身材高大，作为进攻线球员能为四分卫提供保护，同时也要具备良好的接球能力，为进攻战术提供更多支持。

进攻锋线（Offensive Lineman）

站在进攻最前线保护四分卫或在跑动进攻中保护持球队友的球员，是进攻组中最强壮的人。根据场上站位不同，从开球点中心向外分别为中锋（Center）、护锋（Guard）和截锋（Tackle）。中锋还是开球者，负责将球准确地传递到四分卫手里。锋线的代表人物有克利夫兰布朗队的乔·托马斯（Joe Thomas）。他自从 2007 年加入 NFL 开始，没有一个赛季不被选进职业碗，而且他也是唯一一个新秀赛季开始年就入选职业碗的锋线球员。进攻锋线的要求是要有重量和力量，也有人玩笑地将线上的五名球员称为"千斤组合"。

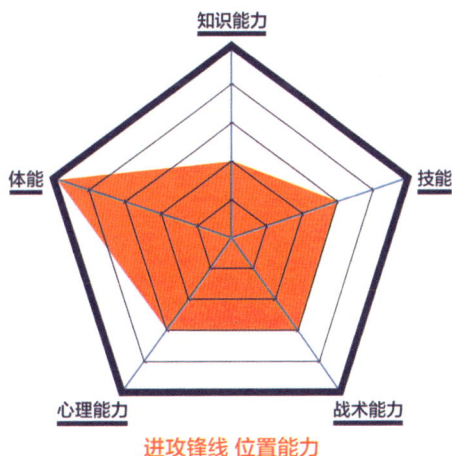

进攻锋线 位置能力

防守组

线卫（Line Backer，LB）

　　防守组中布置战术的人通常是线卫中的一名队员。线卫必须要有极佳的拦截能力，不让持球的跑锋逾越雷池一步；而在抛传进攻时，则必须协助其他的队友盯紧外接手及其他可能的接球手，破坏或截下任何抛传接球。线卫以位置分有中线卫 (Middle Line Backer，MLB) 和外线卫 (Outside Line Backer，OLB)。中线卫要保证守住自己的防守区域，在自己的区域内破坏传球或者完成擒抱。也可以选择盯住自己的目标，不让对方接球成功或者在对方接球瞬间完成擒抱。如果选择突袭四分卫那就要毫不犹豫地甩开进攻锋线，避免任何纠缠直接冲进口袋内造成擒杀。一旦确定进攻战术是跑球，中线卫要第一时间把目标转移到跑卫身上，扯破进攻防护网，尽全力去完成擒抱。雷·刘易斯（Ray Lewis）被视为 NFL历史上最为伟大的中线卫之一，随乌鸦队先后夺下了第 35 届和第 47 届超级碗，第 47 届超级碗中，凭借他出色的防守和老道的经验限制住了状态火热的匹兹堡钢人队，一举拿下超级碗。防守线卫要求拥有极好的综合素质。

雷·刘易斯（Ray Lewis）

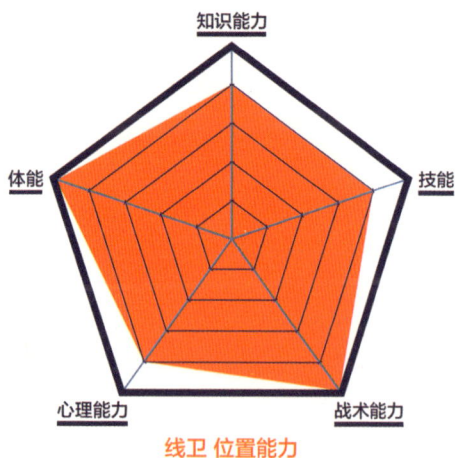

知识能力
技能
战术能力
心理能力
体能

线卫 位置能力

防守锋线（Defensive Lineman）

他们通常是整个球队中最强壮的人，目标是对方的跑锋和传出球之前的四分卫。他们冲过对方的进攻内锋，从而去冲击对方持球者。根据场上位置，从中心到外分别为尖峰（Nose Tackle）或防守截锋（Defensive Tackle）以及防守端锋（Defensive End）。防守锋线是整个队伍中身体素质最好的一批球员，因为他们在需要有体重和力量的前提下，还要有良好的爆发力和快速的反应能力。防守前锋的代表人物丹佛野马队的德马库斯·维尔（DeMarcus Ware），凭借自身强劲的身体素质，帮助球队获得 2016 年第 50 届超级碗。维尔在 12 年职业生涯中一共取得 138.5 次擒杀，在 NFL 历史上排名第八。每个排在前十的球员最终都进入了名人堂。维尔应该在退役 5 年后一有入选资格就加入这些名宿。

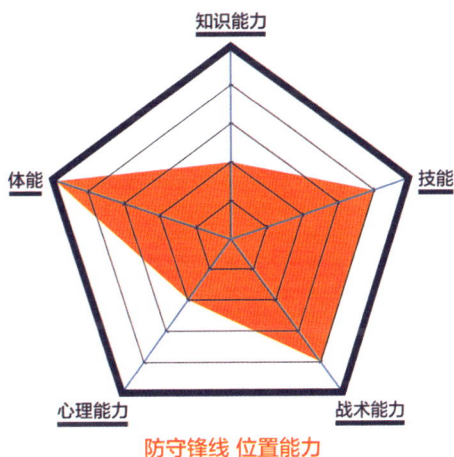

防守锋线 位置能力

后卫（Defensive Back，DB）

防守的最后一道屏障，根据职责不同又分角卫（Corner Back，CB）和安全卫（Safety）

角卫是对方外接手的死对头，速度和敏捷是他们的特长。一般来说他们的职责就是寸步不离紧跟对方的外接手或某些情况下的近端锋，也有在特定阵型中突击对方四分卫（比较冒险的举动）。约什·诺曼（Josh Norman）应该是现今最优秀的角卫之一，2015 年，他作为卡罗莱纳黑豹队的防守核心，带领黑豹打出了常规赛 15 胜的傲人战绩和季后赛失分最低记录。随后华盛顿红皮签下了巨约，成为联盟当时最贵角卫。他有着令人羡慕的天赋，集速度、力量、敏捷于一身的诺曼，凭借着一身本领和联盟顶级外接手博弈。

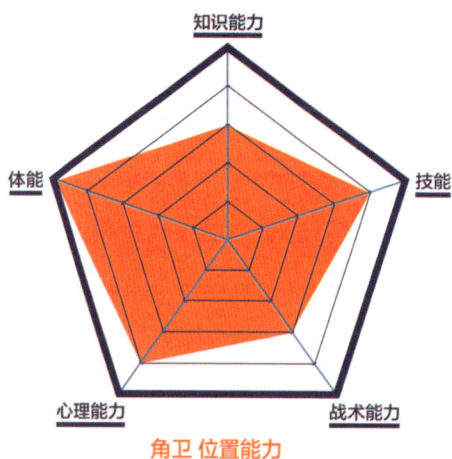

知识能力

技能

体能

战术能力

心理能力

角卫 位置能力

厄尔·托马斯三世（Earl Thomas III）

安全卫细分为自由安全卫（Free Safety，FS）和强侧安全卫（Strong Safety,SS）。他们站在防守的最后方，当进攻方穿透防线或者某一接球者摆脱防守时挺身而出破坏对方进攻。强侧安全卫在球场上是针对进攻一方的近端锋来设置的，因为攻击线有近端锋列队的一侧叫做强侧（Strong Side）。当攻方采用跑动进攻时，强侧安全卫要像线卫一样地拦截跑锋，而在传球进攻时，则要负责紧盯近端锋，防止他接球。可以说安全卫是防守组的最后一道关卡，也是最难通过的一道防线。不得不提到西雅图海鹰队的厄尔·托马斯三世（Earl Thomas III），在他的带领下一次次地向世人展示强硬的防守才是球队取胜的关键，让每一支球队的进攻组都会胆怯托马斯的存在。

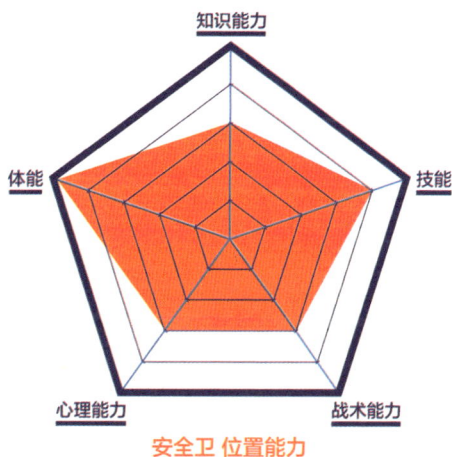

安全卫 位置能力

特勤组

主要位置有踢球手（Kicker，K）、扶球手（Holder）、弃踢手（Punter，P）、回攻手（Returner，R）

踢球手（Kicker，K）

比赛中经常出现任意球（Field Goal，FG）的选择，这时就需要踢球手。踢球手职责是看似轻松的，一场比赛仅需要踢几脚球，也没有冲撞。但对踢球手的要求是极高的，他的稳定性可以决定比赛的走势，更是可以决定输赢结果。巴尔的摩乌鸦队的贾斯丁·塔克（Justin Tuck）获得了2016赛季的"最佳踢球手"称号。他凭借稳健的脚法和强大的心态，赛季中的射门成功率达到80%以上，更是能在关键时刻踢中45码（41米）以上的任意球来帮助球队取得胜利。

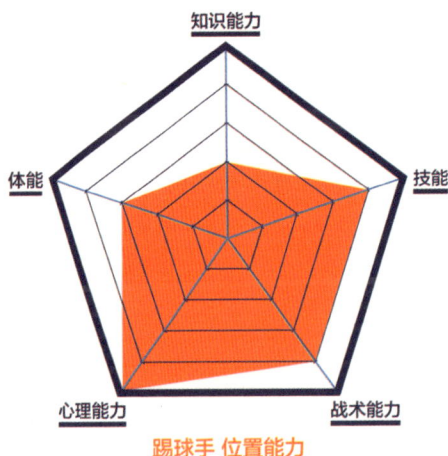

知识能力

技能

体能

战术能力

心理能力

踢球手 位置能力

贾斯丁·塔克（Justin Tuck）

扶球手（Holder）

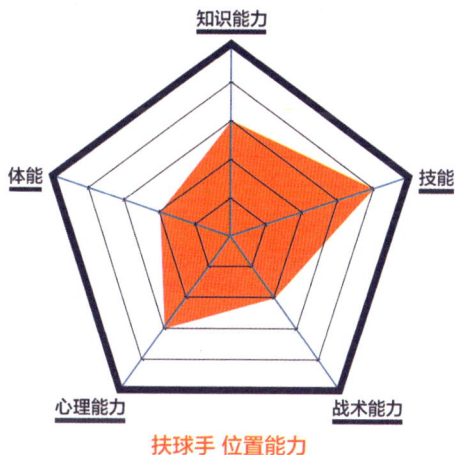

扶球手 位置能力

射门时，有一个球员在开球后把球扶稳让踢球手准确踢球，这个人称为扶球手，球队的替补四分卫通常会客串这个位置。

弃踢手（Punter，P）

球队弃踢时的踢球人，不但要求踢得远，也要踢得准。往往一次成功的弃踢能为防守组带来绝佳的防守位置，终结对方的进攻。高水平的弃踢手是非常受 NFL 队伍青睐的。

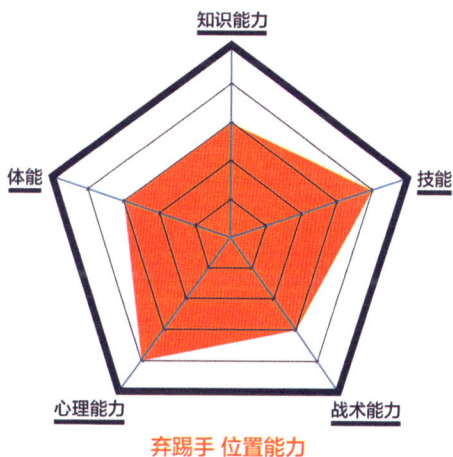

弃踢手 位置能力

回攻手（Returner，R）

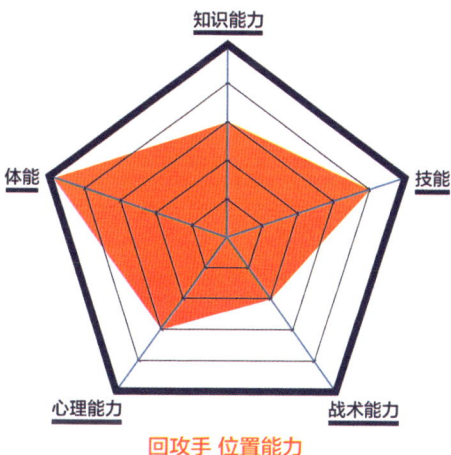

回攻手 位置能力

开球和弃踢时都可以回攻，回攻手一般是球队中速度最快的球员。出色的回攻手泰瑞克·希尔（Terrik Hill），他在有防守压力和穿戴装备的情况下 40 码（36 米）仍能跑进 4.3 秒，他将堪萨斯酋长队的接球回攻提升到了新的高度。

空地一体的得分方式

美式橄榄球的得分方式分三种：达阵、射门、安全分。

达阵（Touchdown，TD），得 6 分。

　　当球员持球跑进对方端区，或在对方端区内接到传球（前提是接球时脚必须有接触地面的过程，并且落地之前没有掉球或被擒抱推出端区），便是达阵。英文"Touchdown"的本意是"触地"，源于英式橄榄球（必须在得分区内持球时球体触地才算得分有效），但是美式橄榄球并没有"必须要触地"的规则，只要持球时球体穿过端区上方就可以了。而 NFL 规则中，只要球体的任何一部分，无论多少，进入了端区内就可以形成达阵。此外，球体接触端区四角的任何一个标柱也算是达阵，前提是接触前持球者没有被擒抱倒地。达阵之后，得分一方获得一次附加分（Extra Point，或称转换分 Conversion）的机会。球会放在对方的 2 码（1.8 米）线上。得分队可选择把球踢进球门内，加 1 分，称为达阵后加分（Point After Touchdown，PAT）；或以跑、传等方法再达阵一次，得 2 分（2-Point Conversion）。

射门（Field Goal, FG），得3分。

　　方法是把球踢过球门横杆之上及两条门柱之间，如果球击中了门柱弹回则会被判射门失败。射门时球必须先着地，通常是由扶球手（Holder）负责把球直立着按在地上，然后由踢球手（Kicker）起脚将球踢出，称为定位球（Placed Kick）。另一种很不常见的方法是由踢球手用正常直踢的手法将球扔下，但是出脚稍微延迟，在球刚刚触地弹起的一霎那间将球踢出，称为落地球（Drop Kick）。通常当进攻方比较接近得分线但又难以在第四攻结束前推进足够的码数，或者时间紧迫来不及用其他方式得分时，就会选择射门。

安全分（Safety），得2分。

　　当进攻一方被迫后退至己方的端区，然后被擒抱或掉球时，防守一方得2分。某些进攻方在己方端区内的犯规也会被判防守方得安全分。

分秒必争的比赛时间

比赛分为上下半场共四节

橄榄球比赛分为四节，每节 15 分钟。第一节和第二节称为上半场，第三节和第四节称为下半场。上下半场之间有 12 分钟的中场休息时间。下半场开始时，将和比赛开始时一样重新开球。上半场的第一节结束时和下半场的第三节结束时各有两分钟休息时间，此时双方队员将交换场地，原来拥有球权的一方将在交换场地后继续进攻。由于比赛中出现传球失败、球员持球出界、裁判处罚等情况，比赛时间会暂停，所以一场比赛的实际时间往往会长达三小时以上。

每次进攻 40 秒的战术布置

进攻方在每次进攻结束后，必须在 40 秒时间内重新开始下次进攻，否则将受罚。

加时赛采用突然死亡法

如果双方在四节比赛结束时打平，将进行 15 分钟的加时赛，并按突然死亡法决定胜负，也就是先达阵的一方获胜。

A/03

安全的运动保障

全面的运动护具

在橄榄球场上每名上场球员必须按照规则穿戴基本的装备。

头部防护

最主要的就是头盔、面罩和牙套。这些东西不仅保护面部，同时很大限度地防止了对脑部的创伤。头盔由外壳、面罩及下巴带等部分组成，以降低面部特别是鼻梁及口部受伤的可能性。

头盔的挑选

当球员戴上头盔，合适的尺寸是保证安全和舒服的关键。如果头盔的尺寸不合适不仅不能起到保护作用，并且可能会对球员造成伤害。指导球员正确使用头盔并将其作为一件保护安全的护具，下面是选择合适头盔时需要注意的地方：

头部尺寸：用软尺来测量头围，从眉毛上 2.5 厘米测头围。

头型：在试戴头盔前注意球员的头型。因为任何不规则的头型都需要对头盔做调试。两个尺寸相同的头可能会有两种完全不同的头型。

下颚护具：下颚护具可以让头盔更加稳定。一些球员的脸比较瘦，确保下颚护具贴合球员脸部。

头盖骨：确保头盔和头盖骨贴合的同时头盔后部下沿不会挤压到球员的脖子。

面罩：面罩应该距离球员鼻尖 3~4 厘米的距离。如果离得太近，球员在擒抱和撞击时就会有受伤的风险，如果离得太远，空隙太大，可能会导致其他球员的手进入面罩造成球员的面部受伤。

下巴带：头盔系带一定要系紧。球员头盔系带没有系好的话千万不要让他上场，因为头盔可能会在身体接触中被撞掉。

耳洞：戴上头盔后保持耳朵在耳洞的正中间位置。

视线：球员带上头盔后应该平行能看到 180 度，向上和向下能看到 75 度左右。

转动头盔：尝试转动头盔从一侧到另一侧，前额的皮肤和头发应该随头盔的转动而动，但头盔不应该有滑动的现象。

前后移动头盔：当头盔完全带好，用手抓住面罩前后移动头盔，然后看前额是否过高或者过低挡住眼睛。如果有就是头盔太大。

按压头盔的顶部：轻轻按压头盔看是否有移动的现象。如果头盔左右移动得厉害说明头盔太大了；如果感觉有往上弹的力可能头盔有点偏小。

面罩

通常情况下，某品牌头盔只能使用自己品牌的面罩，并且各型号之间不通用。但是也有一些面罩是可以多种头盔通用的，建议最好不要跨品牌使用面罩，安装上之后头盔形态会比较奇怪。常见的面罩材料有：碳钢、不锈钢和钛合金。其重量和价格是成反比的。

不同的位置有不同的要求，就有了不同款式的面罩。

外接手、四分卫要求视野开阔，即面罩眼部开口较大，以保证眼前没有阻挡视线的东西。

跑卫、线卫等冲撞较多的位置，要求眼部面罩开口较小以避免误伤面部尤其是眼睛。

线上队员的面罩则要求纵向稍长，以避免有队员从下向上进行冲击时被顶到下巴。

下巴带

下巴带和面罩一样，是头盔不可缺少的配件，用于将头盔固定在你头上，不被撞掉。

下巴带从材质上可分为两种，软皮的、带硬壳的，从安装方式上可以分为三种，单条固定带安装、低点位安装和高点位安装。

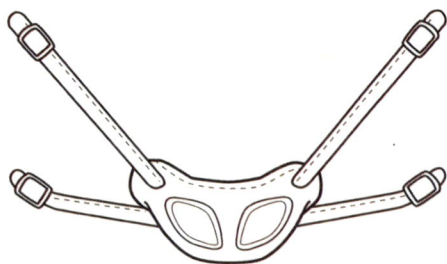

躯干防护

护甲

　　美式橄榄球装备的护甲多种多样，为了适合不同的位置而设计的。不过防护范围都包含了前胸、后背、肩膀。锋线的防护更厚，外接手和四分卫更注重肩膀部位的伸展范围。

　　根据不同位置有不同类型的护甲：

QB/Kicker/WR/DB

　　对于四分卫、外接手这些经常需要将手臂抬高的球员，肩部在受到保护的前提下，一定要保证最大程度的活动范围。除此之外，这些位置经常需要大角度的转身，所以肩甲设计相对较短。

RB/DB/QB

　　对于跑锋、防守后卫这些需要经常有强烈冲撞的位置，肩部的保护非常重要，所以肩部的保护是首先要考虑的，其次前后的护板相对外接手和四分卫来讲会更长一些。

RB/DB/TE/LB/OL/DL

　　对于线上队员来讲，经常会受到自下而上的方向的冲击，所以前后保护片的长度是最长的。另一方面由于需要经常做手部的前推动作，还有摆臂动作，需要兼顾手臂的灵活性，所以前保护片相对偏窄，而且侧面没有棉保护片。

腿部防护

防撞裤

防撞裤内标准的防撞垫一共有 7 块，2 块保护膝盖、2 块保护大腿、2 块保护两侧股骨、1 块保护尾椎骨。曾经有些外接手为了跑得更快而放弃安装防撞垫，这是被联盟禁止的行为。

其他部位防护

手套

有些球员习惯戴手套以利接球，或者是在天气寒冷时保暖用。手套根据每个位置有不同的设计，外接手、近端锋和防守后卫都是用接球手手套的，因为手套掌心和手指有防滑的设计比较适合接球。跑卫和线卫有时候也使用接球手手套，因为接球和截球的战术很多。也有的线卫使用和攻防线球员的手套，比较厚，因为线上球员身体接触最多，擒抱机会多，手背和手指都有加厚的护垫，所以看起来都是很厚实，可以防止手指向后撇。一般四分卫是不要手套的，因为不戴手套可以更好地控制和掌握拿球的弧度和力度。

球鞋

球员需要穿着不同的球鞋来适应场地变化。球鞋底部根据场地情况，可以装上不同类型的硬塑鞋钉。橄榄球鞋与足球鞋是不同的，最明显的区别，就是橄榄球鞋的鞋底脚尖有胶钉，而足球鞋没有。这种设计的根本原因是橄榄球鞋脚尖的胶钉是为了运动员在低身位启动时候，脚尖的胶钉能够借力。而足球运动员需要在控球的时候使用脚尖，比如踩球的动作，如果脚尖有钉子是影响这种动作的。不同的鞋底用于不同的位置，并且有不同的穿着感受。

D：用于真草场地的鞋底设计，鞋底 7 个胶钉的分布设计，脚掌 5 个，脚跟 2 个。这种鞋底胶钉最高，大概 1cm，有的还是金属钉，并且可以通过工具来更换鞋钉。对于速度型的位置，这种鞋子能够在松软的真草场地提供较好的抓地力。但是由于支撑点较少而且支撑点较高，所以如果地面比较硬，会感觉很累。

TD(MC)：用于人造草皮的鞋底设计，鞋底 11 个胶钉的分布设计，脚掌 7 个，脚跟 4 个（或 3 个）。这种鞋底的胶钉和 D 差不多长，能达到 8~9mm，多为硬质胶钉。由于支撑点较多，可以适应人造草皮的胶粒。通常来说，这种鞋底最实用，可以适应人造草皮、真草的场地。比较通用，不论是速度型位置还是线上队员，都可以选择。

Shark(RM)：用于人造草皮的鞋底设计，相比 TD 来讲，Shark 提供了更多的胶钉，但是相对 TD 胶钉更软，是可以用手按弯的，高度相比 TD 来讲稍微低一些。由于人造草皮大多都比较硬，长时间穿 TD 的鞋训练还是会比较硌脚，比较累。但是由于胶钉较软，不像 D 和 TD 那样能为低姿态启动提供良好的抓地力，通常不推荐需要三点低身位启动的防守锋线队员和对于速度、变向要求较高的队员使用。训练时可以穿这种钉鞋，减轻脚的压力。

Destroyer：是比 Shark 更短更均匀分布的胶状碎钉，而且胶钉更短，大概只有 Shark 的一半。在较硬的人造草场可以勉强用，在稍软的场地就容易打滑。低身位启动的人穿很容易摔倒。这种鞋底只适合大部分姿势是直立的队员用，比如进攻锋线的护锋和截锋，还有口袋型四分卫。但大多数情况也作为训练鞋使用。

以上就是一个美式橄榄球运动员的标准穿戴，缺少任何一样都会被禁止上场。有些运动员可以根据自身需求而合理地增加防护。

安全的运动形式

如果装备橄榄球是和平时代的战争游戏，头盔和护甲就相当对于作战时保护身体的铠甲。同时也存在一种不穿盔甲的作战方式——美式腰旗橄榄球。

美式腰旗橄榄球是源于 NFL（美国职业橄榄球大联盟）的一项大众化运动。在世界 30 多个国家的青少年中广为流行。所谓腰旗 (Flag)，就是指在腰间佩戴的两根飘带。如果在持球跑动中，当美式装备橄榄球需要通过擒抱来阻止对方进攻时，腰旗橄榄球只需要通过扯下对方腰两侧所挂的腰旗就可以达到同样的目的，因此是一种保护青少年的安全运动，父母们也不用担心自己的孩子在这项看似"野蛮"的运动中受到伤害。

目前其他的球类运动中都有限定身体的合法触球部位，而腰旗橄榄球运动和排球运动有些相似之处。规则规定运动员全身任何部位均可触球，球落地后该次进攻失败。因此，腰旗橄榄球运动能使参加该项目的人，在接球过程中充分体现自我才能和展现各种高超的身体技巧，对时机的把握和空间感的锻炼和提高是其他球类项目不可比拟的。

腰旗橄榄球非常讲究团队合作，对技巧的要求极高，比其他任何运动都更具挑战性。能够培养队员思考解决问题的能力，充分加强团队的作战能力。同时具有较强的对抗性，但是规则限定了身体的过分接触，主要是通过拉掉持球进攻队员身上的腰旗来阻止进攻，避免了队员间的碰撞而产生不必要的伤害。因此，在该运动中运动员的身体能够得到有效的保护，但又不失比赛的激烈对抗性。

专业的运动指导

美式橄榄球对教练员的专业素养有着极高的要求，因为教练员的专业程度直接关系到学员的安全健康和竞技水平。

分工明确的教练团队

分工明确的教练团队在训练和比赛中为球员保驾护航，通过提升球员的身体机能状态和提升球员的专业技能水平，可以有效防止球员受到不必要的伤害。

进攻组教练团队：包括进攻组协调员、进攻锋线教练、四分卫教练、跑卫教练、外接手教练等，每个位置都有对应的教练。

防守组教练团队：包括防守协调员、防守锋线教练、线卫教练、防守后卫教练等。

特勤组教练团队：负责弃踢组、弃踢回攻组、射门组、开球组、开球回攻组的训练。

科学的训练步骤，降低受伤概率

训练前的热身活动能提高心律和肌肉身体延展性，对于年轻的孩子，他们的热身运动不需要太过复杂，只需要一些简单的跳跃运动和轻度的跑动热身。对于成年人可以做一些轻度的跑动运动，附加一系列伸展运动，这样放松他们的全身肌肉，避免肌肉拉伤。

在比赛和训练中督促队员摄入足够的水，特别是在炎热和潮湿的环境下，避免出现脱水、肌肉痉挛和中暑的情况。

训练后的拉伸运动有助于机体的快速恢复，为下次训练做准备。

及时损伤评估，减少受伤损害

在训练和比赛时完全避免伤痛是不可能的，但可以采取有效措施来评估受伤程度减少受伤的损害，通常采取"COACH"的步骤来评估运动损伤。

Consious：确定伤员是否还有意识。

Oxygen：确定伤员是否能自主呼吸。

Ask：询问球员感到疼痛的部位。

Control：控制疼痛部位。

How：决定需要进行怎样的治疗。

A/04 一
完善的战场规则

独特的判罚方式

美式橄榄球场上的独特判罚方式是罚码，判罚距离一般分为 5 码、10 码、15 码 (13.8 米)，由于犯规地点的不同，可能会有不同码数的判罚。例如：一次提前移动（False Start）进攻方会向后判罚 5 码，但如果开球线离进攻方阵区不足 5 码，则会判罚一半的距离。在比赛场上，裁判为保证比赛的流畅性，会用黄旗在犯规点先留下标记，如果是进攻方犯规将会从开球点向后罚码，如果是防守方犯规，进攻方会向前罚码或者获得首攻机会。

◯	进攻队员	➔	实际的移动路线
⊗	中锋	┅┅▶	准备移动趋势路线
Q	四分卫	━━━	起球线
△	防守队员	┅┅┅	边界线

5 码的判罚

提前移动（False Start）

发生在没有开球前的早动，提前移动违例不适用于非向前移动的外接手，跑锋或者四分卫，他们可能会有在开球前的战术移动（Motion），平行于开球线或往开球线后移动。大多数情况裁判都会判罚进攻线上队员在中卫还没有开球给四分卫就向前移动的情况，向后判罚 5 码。

非法移动（Illegal Motion）

　　球员在做争球线后移动的时候没有平行于争球线移动是违例行为，会导致球队向后罚 5 码，一般情况主要判罚在开球前向前的移动。

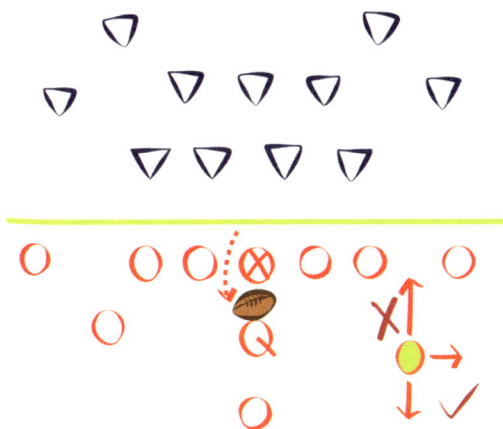

非法阵型（Illegal Formation）

　　进攻方在开球前必须有 7 名以上队员在开球线上，否则他们就会被黄旗判罚非法阵型向后罚 5 码。

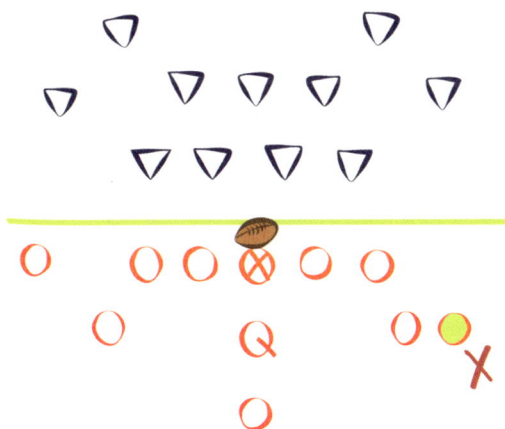

非法回攻（Illegal Return）

　　球员做出安全接球手势（在头上方挥舞手臂）后不可以接球回攻。如若违反规定在接球点向后罚 5 码。安全接球手势即表示告知防守方他接球后不向前进攻，本方进攻组即从接球点开始第一档进攻。

越线传球（Forward Pass Thrown from Behind the Line of Scrimmage）

　　当球已经过开球线后，不可以再向前传球，如果违反则向后罚 5 码。

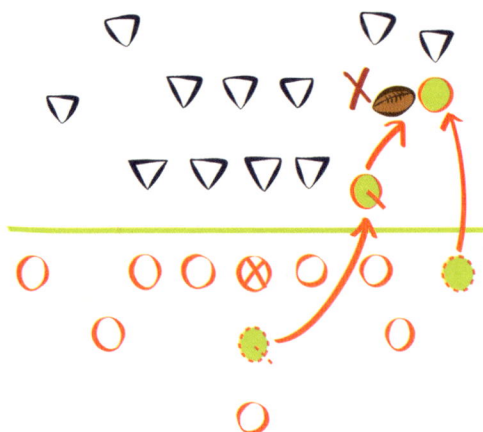

线后二次传球（Second Forward Pass Behind the Line）

　　开球线后只允许向前做一次传球，如果在线后有第二次向前传球则向后罚 5 码。

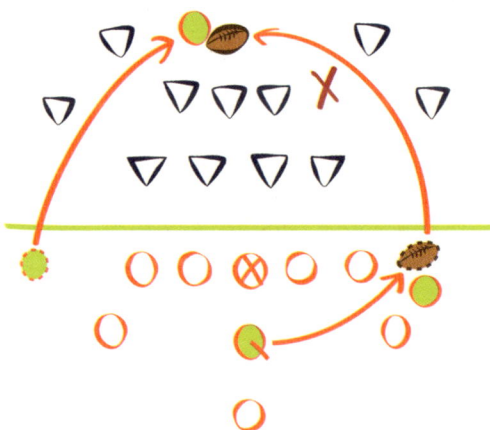

侵犯（Encroachment）

防守越位通常发生在还没开球，防守队员就冲过了开球线与进攻队员有身体接触。向前罚 5 码。

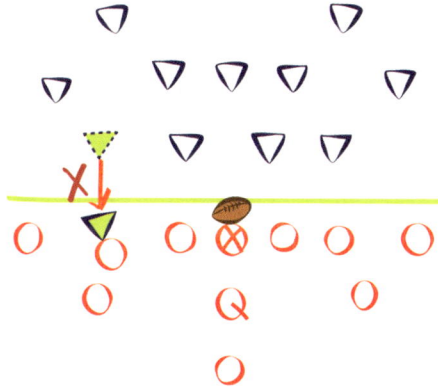

防守拉人或非法用手（Defensive Holding or Illegal Use of Hands）

防守队员可以在开球后 5 码之内推、拉阻挡外接手跑动路线。但是超过 5 码后，就不可以用手接触外接手，如果违反判罚 5 码，并且进攻方自动获得首攻。但当双方在空中争抢橄榄球时，允许有身体接触。

拖延比赛（Delay of Game）

通常情况下会判罚进攻方如果在规定时间内没有将球开出，就算拖延比赛，会向后罚 5 码。如果说防守队员干扰了进攻方快速开球，裁判也可以判罚防守方拖延比赛，一般发生在进攻队员被擒抱后想快速列阵进攻，而防守队员不急于松手让进攻队员归队列阵。

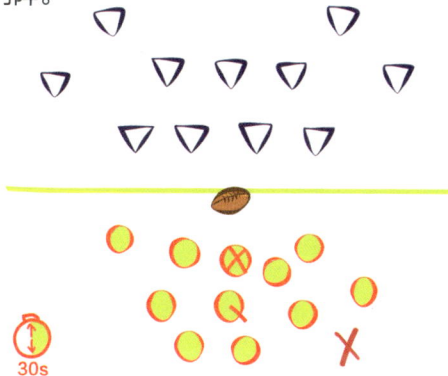

出界返回场地后触球
(Pass Touched by Receiver After He's Gone out of Bounds)

球员无论是自己跑出界或者是被人推出界，在这一轮进攻中他不可以再触碰球，如果违犯罚 5 码。

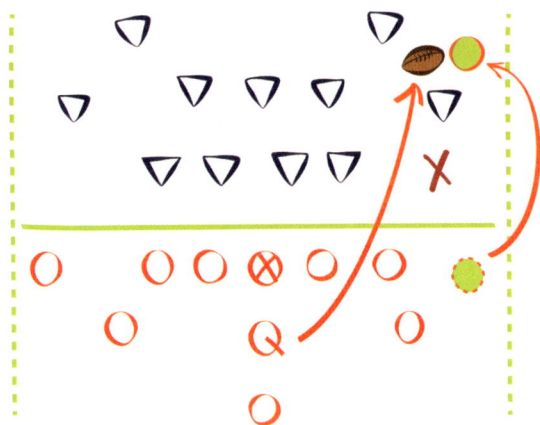

越位 (Offside)

开球前双方球员在开球线两端列阵，任何一方在开球前超过了中立区，将遭受 5 码的判罚。

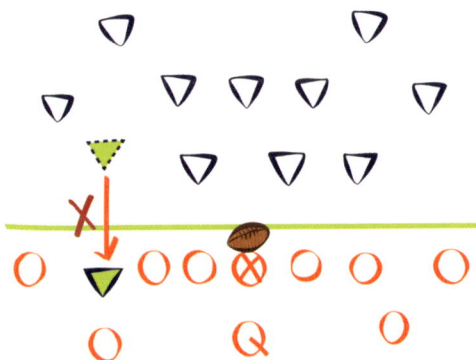

过度暂停 (Excessive Timeouts)

每半场比赛每队有 3 次暂停机会。如果连续使用暂停就会被判罚 5 码（所叫暂停无效）。

场上多人 (Too Many Men on the Field)

如果开球时场上本方人数多于 11 则受 5 码处罚，少于 11 人不受处罚，但也不建议这么做。

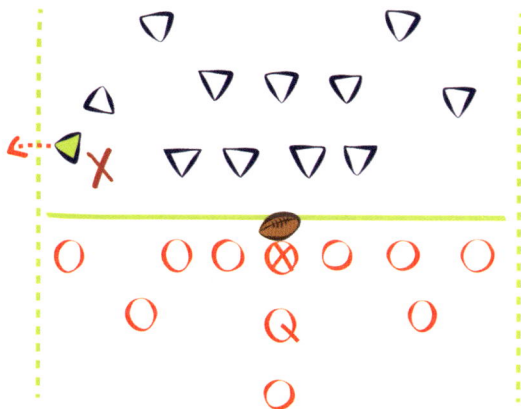

开球后返回场地 (Player out of Bounds at Snap)

开球前 11 人都必须在场地上，不可以开球后从场地外进入场地，这样导致本方受罚 5 码。

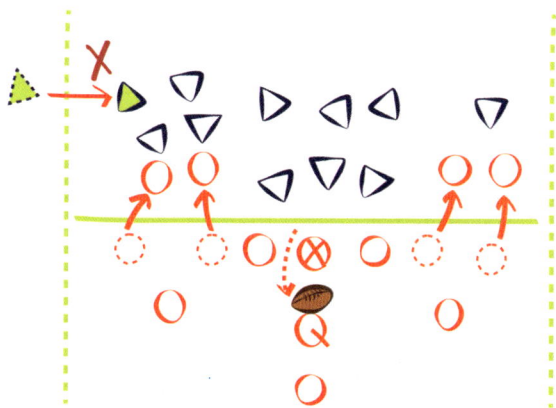

非法换人（Illegal Substitution）

在死球的情况下可以随意换人。很多联盟遵守在聚商时至少离本方边线 9 码的距离，并且从本方边线上下场，如果违反判罚 5 码。

10 码的判罚

故意弃球 (Intentional Grounding)

在比赛中四分卫只要在两个进攻截锋的保护之中，就不可以为了躲避擒杀而把球扔向无人场地或界外，如果违反则从出球点向后罚 10 码并且失去一档。

进攻干扰接球
(Offensive Pass Interference)

在争抢传球的过程中，防守队员和进攻队员有平等的接球机会，进攻方不可以推或者干扰防守队员，如若被抛黄旗判罚进攻队员犯规，进攻方向后罚 10 码。

拉人（Holding）

　　这个判罚通常发生在进攻线上球员，和角卫阻碍外接手去掩护队友。拉人犯规判罚 10 码。

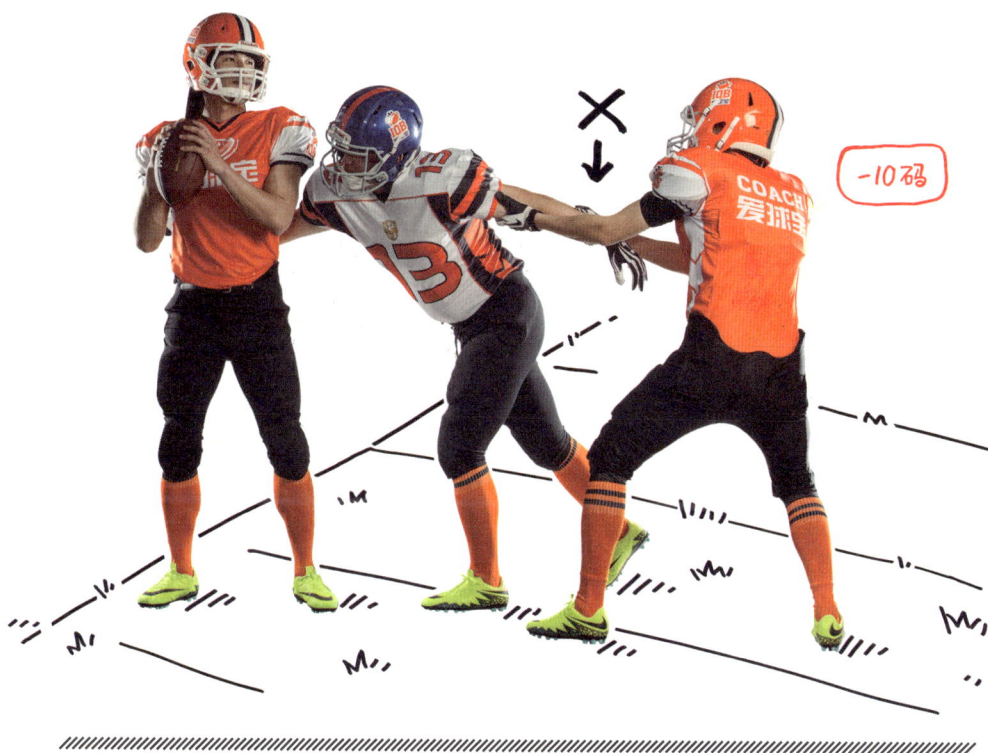

15 码的判罚

非法腰部以下阻挡（Chop Block）

　　进攻队员不允许阻挡防守队员腰部以下位置，除非是在开球点左右 4 码外和开球线后 3 码（2.7 米）以后位置，就算是在合法区域如果做出危险动作也会被处罚 15 码。

背后阻挡（Clipping）

进攻方只允许从正面或者侧面阻挡防守队员，如果从背后推人罚 15 码。

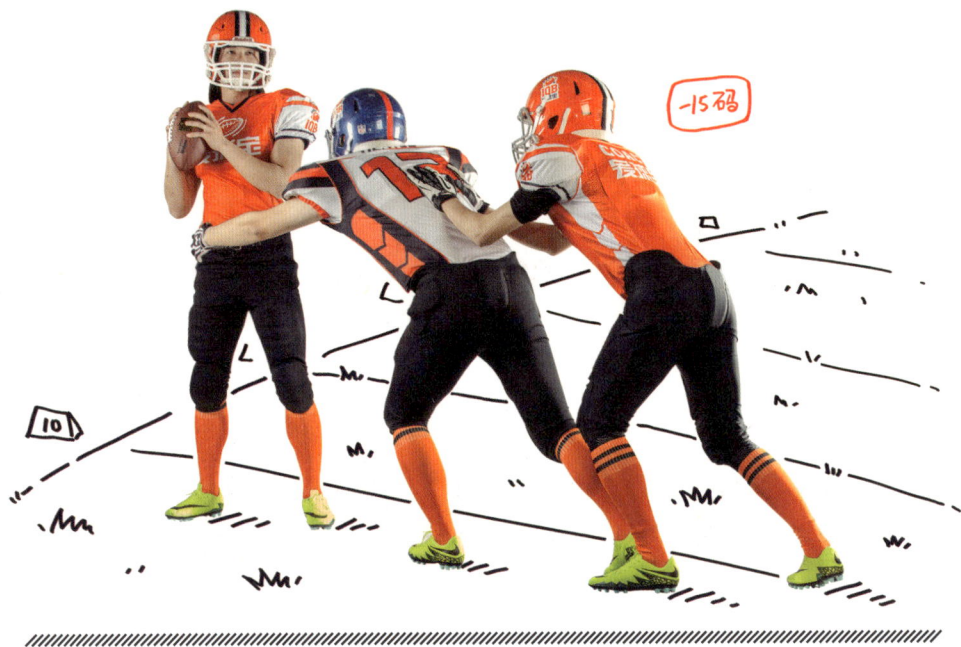

防守方干扰接球
(Fair Catch Interference)

当防守队员准备去争抢橄榄球时，在与接球队员接触之前应该至少保持 2 码的缓冲区。根据身体接触的程度可判犯罚 5~15 码。

假装被粗野冲撞（Faking a Roughing）

踢球员假装被粗野冲撞，本方被罚 15 码。

冲撞四分卫（QB Quarter Back）

如果四分卫或其他传球者已经将球传出，防守队员在出手瞬间距四分卫只有一步的距离可以接触四分卫或传球者，如果多于一步防守者与传球者发生了身体接触，则处 15 码判罚并自动获得首攻。很多初级联赛中容易发生这种不必要的身体接触。

冲撞踢球手（Roughing the Kicker）

当踢球手已将球踢出后，防守队员与踢球手发生接触则处以 15 码处罚并且进攻方自动获得首攻。

头盔冲撞（Spearing）

防守队员在擒抱对手的时候不允许用头盔冲撞对方。除了会受到 15 码的处罚，这也是一种特别危险的动作，会造成防守者和进攻者双方遭受严重受伤的风险。

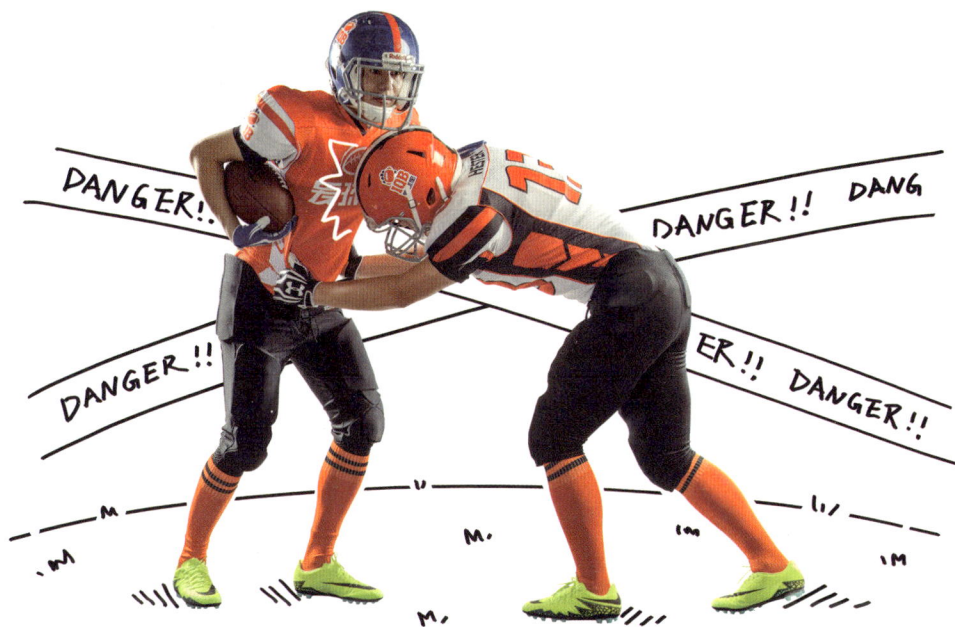

拉面罩（Facemask）

拉对手的面罩是坚决不允许的动作，如果裁判认为是无意动作（没有抓住面罩）判罚 5 码，如果是有意的则判罚 15 码。

不必要动作（Unnecessary Roughness）

橄榄球有很多身体接触，球员在场上展现出的是非常粗暴的一面。如果裁判认为球员表现的过度粗暴对对方球员可能会有伤害就会扔出黄旗处以 15 码判罚。

违反体育道德行为（Unsportsmanlike Conduct）

球员或者教练如果对裁判恶语相加则会处以 15 码判罚，并逐出场地，作为教练应给球员作出良好示范，永远不要让这样的事情发生在你的身上。

各司其职的裁判

裁判员在橄榄球运动中起着至关重要的作用。没有他们比赛将会很快陷入混乱。裁判的职责是关注比赛并对犯规行为做出判罚，同时确保球员不要恶意伤害他人。一场职业比赛需要 7 名裁判，包括主裁（Referee）、副裁（Umpire）、主线裁（Head Linesman）、卫裁（Back Judge）、副线裁（Line Judge）、边裁（Side Judge）、场裁（Field Judge）。

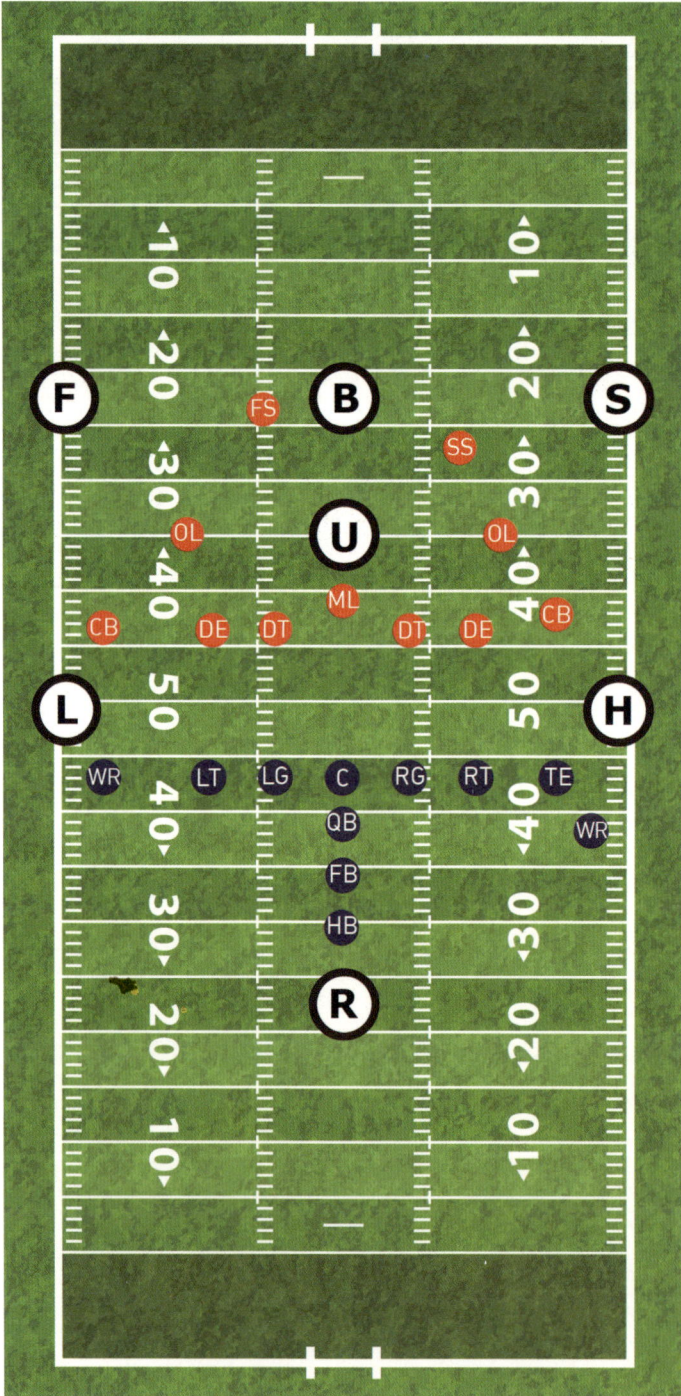

主裁职责（Referee）

主裁判拥有对比赛的总体负责和控制权。在出现争议时，他对比分和档数拥有最终的决定权。对于所有未按规则或裁判员手册而特别置于其他裁判员管辖范围之内的事务，他的决定均是最终决定。因此这个位置经常是主裁担任并且是裁判团队的领导。

在开球列阵期间，主裁位置位于进攻方后，倾向于在右方（如果四分卫是右手传球）。他需要数进攻方的人数。在传球进攻时，他主要关注在四分卫和接近他的防守球员。主裁决定任何对于粗暴对待传球手的犯规。如果四分卫丢失球权，他需要决定是掉球还是传球未成功。在跑动进攻时，主裁从四分卫把球递给或抛给跑卫时观察四分卫，直到动作完成，以保证万一是假装传球或是其他欺骗传球。在跑卫持球后，主裁观察跑卫和在他身后的接触。在弃踢和任意球期间，主裁观察踢球员、扶球员和那些正在接近他们的防守球员。如果弃踢出界，他需要在弃踢员身后用手势来给最近的边线裁判指示球的出界点。

主裁宣布判罚的码数和犯规球员的号码，并且对双方的教练和队长解释复杂的、罕见的规则。哨子、黄旗、比赛用球，裁判需要携带一枚硬币在比赛前（或加时赛）进行猜币。

副裁职责（Umpire）

副裁站在防守线后来观察对于进攻线的阻拦和防守方试图摆脱这些阻拦、观察拉人、非法阻拦。 在开球前，他需要数进攻方的人数。在传球进攻中，他向开球线移动，以判罚在传球前非法接球员向前移动和四分卫是否过线传球。他还需要当球扔得较近时，判断是否传球未成功。

当副裁处于进攻最开始的位置时，他是被认为所有裁判最危险的位置。

主线裁职责（Head Linesman）

主线裁站在开球线的一端（经常是在主队的对面）来观察是否越位、侵犯中立区或其他开球前的犯规。当进攻开始时，他的职责是在他的近线区域，包括球员是否出界。当传球进攻开始时，他的职责是观察他的近线外接手至开球线前5~7码（4.6米～6.4米）的区域。他标记球所在的进攻趋势，同时负责码链组的工作。另外除了以上所列的普通装备，主线裁还需要携带码链夹来对码链组进行定位，同时保证在测量新的一档时位于准确的位置。

卫裁职责（Back Judge）

卫裁站在防守方二线球员的身后、球场的中央，来裁决在他附近的跑卫、外接手（主要是近端锋）和附近的防守球员。他裁决妨碍接球、非法阻拦和传球未成功。他所在的区域为他和副裁之间的区域。他有最后判定是否从开球线合法踢球的权利。他裁决任意球尝试是否成功。

副线裁职责（Line Judge）

辅助主线裁，在开球线的另一端，来观察是否越位、侵犯中立区或其他开球前的犯规。当进攻开始时，他的职责是在他的近线区域，包括球员是否出界。他也有责任数进攻球员。当传球进攻开始时，他的职责是观察他的近线外接手至开球线前 5~7 码的区域。此后，他向后移动至开球线，判定是否传球是向前的、向后的或是非法的过线传球。在弃踢和任意球尝试时，副线裁同样判断射门是否从开球线后被踢出。

边裁职责（Side Judge）

边裁在防守方的二线球员后面，在主线裁的一侧。就像场裁一样，他在边线裁决，判断附近的跑卫、接球员和防守球员的动作。他裁决妨碍接球、非法阻拦和传球未成功。他也需要数防守球员的人数。在任意球尝试时，他的职责就像第二名副裁。边裁的职责是指示辅助工作人员来控制比赛时间或进攻时间。

场裁职责（Field Judge）

场裁在防守方的二线球员后面，在副线裁的一侧。他在边线裁决，判断附近的跑卫、接球员和防守球员的动作。他裁决妨碍接球、非法阻拦和传球未成功。他也需要数防守球员的人数。和卫裁一样，他裁定任意球尝试是否成功。

清晰的判罚手势

为了便于裁判间的交流，以及让现场的观众及时了解场上的判罚情况，裁判会做出各种判罚手势来说明判罚结果。

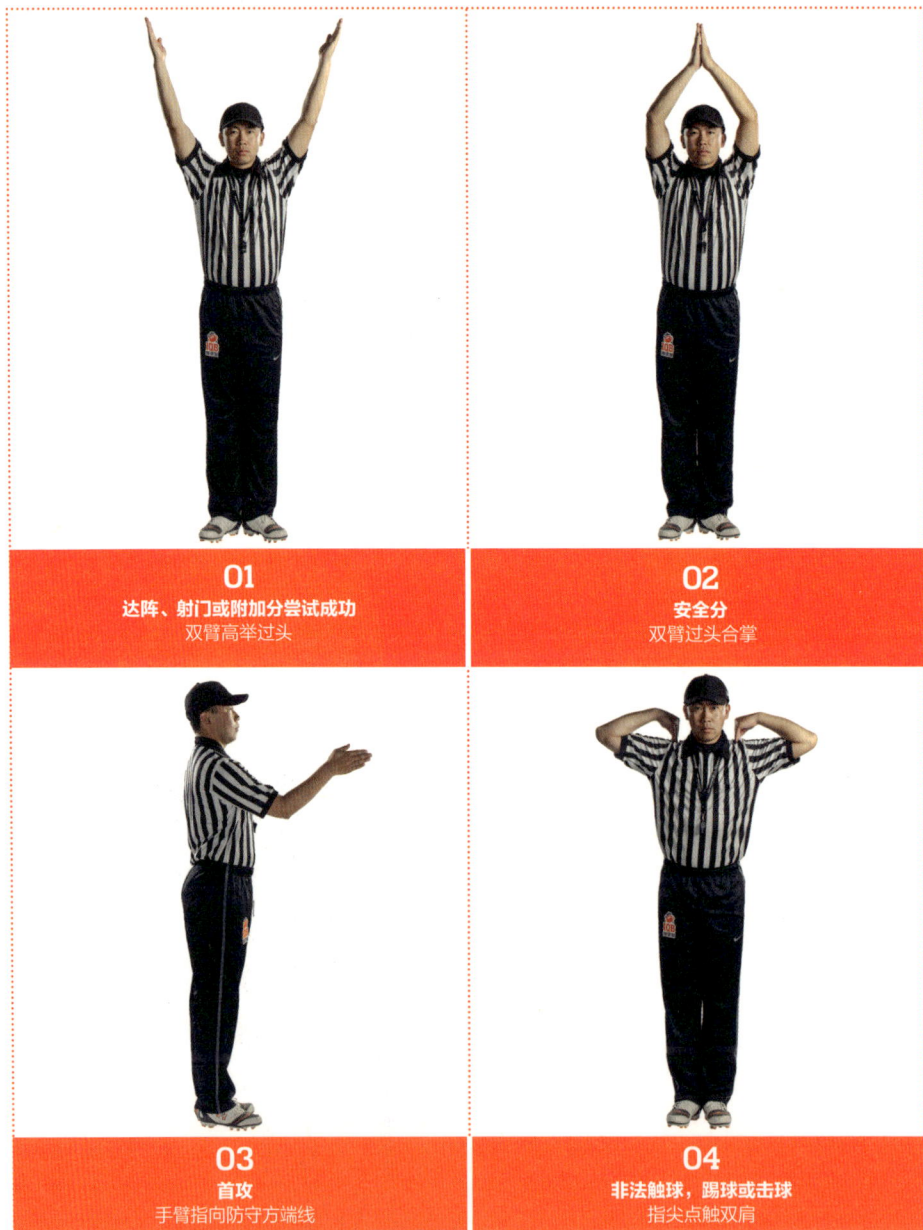

01
达阵、射门或附加分尝试成功
双臂高举过头

02
安全分
双臂过头合掌

03
首攻
手臂指向防守方端线

04
非法触球，踢球或击球
指尖点触双肩

05
观众噪音，死球或中立区建立
单臂张手高举过头，如果握拳：**第四档**

06
暂停 双手过头交叉
同样动作，然后单手置于帽顶：**裁判员暂停**
同样动作，然后手臂于身侧摆动：**回阵**

07
没有暂停或鸣哨恢复计时
整支手臂绕圈模仿时钟走动

08
进攻方/防守方拖延比赛或额外暂停
双臂叠于胸前

09
**提前移动，非法阵型，脚踢开球或安防球
员出界，或弃踢中踢球方球员主动出界**
前臂于身前交替转动

10
个人犯规 一手于头顶击打另一手手腕
同样动作，然后挥动腿部：**粗野冲撞踢球员**
同样动作，然后举手前挥：**粗野冲撞传球者**
同样动作，然后抓面罩：**拉拽面罩**

11
拉人
于胸前握住一手手腕，同时该手握拳

12
非法使用手、手臂或身体
于胸前握住一手手腕，同时该手向前张开

13
拒绝判罚，传球不成功，进攻结束，或射门失败
双手水平交叉摆动

14
传球于界内颠震，然后于界外完成接球
（在传球不成功手势后）双手于胸前上下移动

15
非法向前传球
一手举起于背后，然后在适用的情况下
作出失去一档的手势

16
传球故意弃球
双手平行斜向摆过身前
然后作出失去一档的手势

17
妨碍向前传球或安全接球
双手张开向前举起，手部垂直

18
无效安全接球信号
单手举起过头

19
不合法接球员或踢球方不合法球员前冲
右手接触帽顶

20
非法接触
单手张开前举

21
越位，越线侵人
中立区犯规 双手叉腰

22
开球时非法列阵移动
单手水平前挥

23
失去一档
双手举起置于头后

24
连续妨碍，推人，或协助持球者
双臂下垂，手部向前推动

25
触碰向前传球或起球线踢球
双手相互斜向移动

26
违反体育道德行为
手臂向外平举，手掌向下

27
非法铲挡 双手击打大腿前侧
非法腰部以下阻挡 单手击打大腿前侧，作出个人犯规手势 10
切挡 双手击打大腿侧方，作出个人犯规手势 10
背侧低挡 单手击打小腿背侧，作出个人犯规手势 10

28
非法回挡
右手张开击打右侧大腿，然后作出个人犯规手势 10

29
球员取消比赛资格
驱逐出场手势

30
绊人
右脚连续置于左脚跟后方

31
向前传球不可能被接住
右手掌与地面平行举过头顶，然后上下移动

32
非法换人，进攻方 12 人聚商，或场上球员过多
双手置于头顶

33
拉拽面罩
单手拉面罩

34
非法移位
双手水平挥动

35
重置比赛时钟——25 秒
单臂垂直摆动

36
重置比赛时钟——40 秒
双臂垂直摆动

B

让青少年

智慧成长

↘

打造未来的演练场

其实橄榄球运动只是个载体，带来的不仅仅是强健的体魄，更是青少年的智慧成长，它为青少年创造了克服困难的机会，让他们体会了在拼搏后来之不易的成功和自信，同时训练场也是未来的演练场，在训练和比赛过程中学会如何控制情绪、面对输赢、面对不公平、学会体谅队友、感谢队友，这也是为什么作为全美第一大运动的橄榄球在美国校园里如此盛行的原因。

B/01

勇者的运动，提升身体素质

素质一般是指人体在活动中所表现出来的力量、速度、耐力、灵敏、柔韧等机能。身体素质的强弱，是衡量一个人体质状况的重要标志之一。橄榄球运动做为一个有身体对抗的运动，可以有效提高参与者的身体素质机能。

超人的速度

速度是人体在单位时间内移动的距离或对外界刺激反应快慢的一种能力。

在橄榄球比赛中各个位置对速度都有很高的要求，例如进攻线队员在开球后要迅速地保护四分卫不受对手的攻击，而四分卫也要快速把球传给跑锋或外接手，同时跑锋或外接手又要利用速度摆脱防守队员向前进攻，这样速度训练必然是橄榄球训练中重要的内容。在橄榄球场从不缺少光速跑锋，例如 NFL 第一跑锋 - 克里斯·约翰逊（Chris Johnson）身高 180cm，体重 88.53 公斤，身穿 3.76 公斤盔甲的百米测试成绩 10 秒 38，完全是世界级短跑名将的速度。

过人的力量

力量素质，是身体某些肌肉收缩时产生的能量。

力量是橄榄球运动的基础，也是这项运动最直观的体现，你需要强健的大腿和胸肌，因为肌肉能尽可能地保证你的安全，能够让你擒杀对手，快速摆脱对手。

以当今世界最顶尖的美式橄榄球比赛 NFL 为例，他们的球员拥有球类运动最顶尖的身体素质， NFL 的球员一般卧推接近 2 倍体重，深蹲接近 3 倍体重。从这里，你就能看出力量水平对于橄榄球运动员的重要性。

例如贾斯汀·詹姆斯·瓦特（Justin James "J.J." Watt），美国职业橄榄球运动员，效力于休斯顿德州人队，司职防守端锋。瓦特被视为当今 NFL 最具统治力的球员之一，是 NFL 历史首位生涯前五年三度荣膺年度最佳防守组球员奖（2012、2014、2015）的球员，也是 NFL 历史上首位生涯有两个赛季擒杀数超过 20 次的球员。瓦特说，"一个球员的当打之年就这么几年，我只能让自己变得更强"，瓦特在面对翻转大概 908 斤（1000 磅）轮胎这项训练时，第一年翻动一次就达到了自己极限，第二年每天翻动 30 次，第三年翻到第 51 次，再到 65 次，瓦特几乎以每天变强一点点的速度成长着，最终成就自己的霸业。

持续的耐力

耐力是指人体长时间进行肌肉活动和抵抗疲劳的能力。

耐力素质是人体身体素质的重要组成部分之一，任何体育运动项目都必须具备相应的耐力素质水平。

橄榄球比赛时间虽然只有四节，每节 15 分钟，但由于比赛规则的特殊性，每场比赛的耗时都会在 3 小时左右，这对各个位置球员的耐力都提出了很高的要求，例如进攻和防守线卫之间的相持，跑锋持续输出保持速度的能力。最具代表性的一场比赛发生在 1971 年 12 月 25 日，在圣诞节的一场季后赛，对阵双方是迈阿密海豚与堪萨斯城酋长队，这场比赛在常规时间就异常焦灼，第四节结束 24 平，双方进入加时赛，最终比赛耗时 3 小时 21 分钟，在高强度的比赛中，球员的耐力素质就显得尤其重要。

高度的灵敏

灵敏是指迅速改变体位、转换动作和随机应变的能力。

灵敏素质是要求运动员在变化的条件下能迅速表现出对动作的准确判断、快速敏捷的反应速度、高度的自我操纵能力以及迅速改变身体或身体某部位运动方向的能力，这些都是灵敏素质的表现，因此灵敏素质的提高与发展在体育运动

项目中极为重要。例如四分卫需要灵敏的脚步躲闪防守线卫擒杀，跑锋需要不同的速度变化和灵敏反应突破前进。效力于西雅图海鹰队的四分卫拉塞尔·威尔逊（Russell Wilson），他是现役球员中灵敏四分卫的代表，联盟中顶级移动能力以及自己的跑动推进能力让他在进入联盟第二年就凭借着自己的灵活跑动能力带领球队拿下超级碗冠军，成为 NFL 历史上第二位率队夺冠的黑人四分卫，也开启了四分卫的新时代。

极限的柔韧

柔韧指人体活动时各关节肌肉和韧带的弹性和伸展度。

柔韧素质是人体的一种重要身体素质。在橄榄球比赛中对运动员的柔韧素质都有很高的要求。发展柔韧素质除了可以加大动作幅度，使动作更加优美、协调，还能加大动作力量，减少受伤的可能性。例如奥德尔·贝克汉姆（Odell Beckham Jr.），效力于纽约巨人队，司职外接手。他是联盟中身体素质最好的球员之一。贝克汉姆在新秀赛季就交出了 1305 码（1200 米）和 12 次达阵的杰出表现，其中在赛季第 8 周对达拉斯牛仔比赛中完成的一次精彩单手接球达阵瞬间点燃了全美国，凭借这次接球成为联盟当红小生。这次接球的难度，可以称之为历史上最难之一。他在起跳接球时，完全舒展开，身体在空中完成了一次 下腰动作，充分展现了自己的柔韧性和身体素质天赋。

B/02

智者的游戏，塑造完美人格

打造勇敢的品质

　　无论是男孩还是女孩，父母都希望孩子是勇敢而不是懦弱的。

　　然而勇敢的基础是稳固的依赖关系和安全感。我们常常借培养孩子勇敢之名，要求婴儿不哭才给抱，批评孩子认生，指责孩子在冲突时不知道还手。然而我们越是逼孩子勇敢，越会让孩子感受到父母对他的否定，继而心生恐惧，也就越发的胆怯，所以勇敢只能培养和引导，不能主导和逼迫。孩子可以尽可能多地有效尝试不同的生活经历，对孩子来说就是跟玩相关。橄榄球运动其实是一个可以培养孩子勇敢品质的游戏，所以橄榄球运动在美国被称为"和平时代的战争游戏"，比赛规则就是不断向前推进占领对方阵地获得胜利。在训练中模拟军事化的管理方式，无条件完成教练下达的任务，同时教练也会采用引导式的方法，鼓励孩子当众分享训练感受、挑战新的战术动作、争当轮值队长等方式，在玩的过程中鼓励孩子去克服害怕、犹豫、惰怠的心理，进而培养勇敢的品质。

　　美式橄榄球经过 100 多年的不断完善，危险系数已经低于足球运动，所以各位家长可以放心让孩子参与这项锻炼孩子勇敢精神的运动。

塑造乐观的心态

　　乐观是个人对自身以及自身所具有特征所持的一种积极的态度，不因自身优点而骄傲，也不因自己的缺点而自卑，能够坦然接受现实中的自己。在橄榄球训练过程中，我们强调每名队员都是优秀的，每个人都有他过人的优势，它会体现在知识、经历、能力、天赋、资源等多方面，让每名队员都发现自己的优势，正视自己的劣势，乐观积极的面对生活。

　　例如改编自真人真事的电影《追梦赤子心》，讲述了喜爱橄榄球运动的丹尼尔.鲁迪 (Daniel Ruettiger)，心怀梦想，克服重重困难创造奇迹的故事。他在八九岁时就立志希望能成为圣母大学橄榄球校队的一员，但是在长大后，他没有任何条件可以进入这所名校，因为他不是有钱人家的孩子，没有很好的学业成绩，更没有一名橄榄球运动员壮硕体格，他身高只有 1.74 米，体重才 75 公斤，包括他的父亲和兄长都不看好他。但他为了坚持自己的梦想不懈努力，通过两年预科学习，四年的考试才接到了圣母大学的接收通知。可进入大学不等于加入校队，但他凭借顽强的斗志被教练选入了校队的替补阵营，可他一直没有机会上场比赛。一转眼，又是 3 年，在已经决定退出球队时，在队友的支持下，他终于在一场重要比赛的关键时刻替补出场了 27 秒，帮助球队拿下了比赛。丹尼尔.鲁迪通过橄榄球运动带给他乐观心态，帮助他正视自己的不足，坦然接受自己，最终实现了自己儿时的梦想。

锻炼独立的能力

独立心态是指其有独立的思想和独立的人格，表现为生活自理能力，学习自主能力，品德自检能力和行为自律能力等。现在的孩子生活在幸福安逸的生活之后大多数都缺乏独立性，再加上家长们的宠爱使孩子们不能够离开爸妈的身边，这样下去会对孩子以后的成长有很严重的影响。在橄榄球训练过程中有铁的纪律，例如在训练过程中不允许有走动，必须是跑动。在球场上休息时只允许单膝跪地，不能坐在地上或头盔上休息，因为橄榄球场就是战场，我们要随时做好战斗的准备。培训孩子的这种自律行为是走向独立的第一步。同时在训练过程中强调自己的事情自己做，从穿戴盔甲、完成训练动作，到训练结束整理训练器材等，教练全部要求学员独立完成，并会在一旁进行指导同时会给予表扬与激励，这样会让孩子喜欢上自己做的事情，建立了自信，从而慢慢地学会独立。橄榄球运动最重要的一项是让孩子敢于面对输赢、面对不公，例如在训练过程中你已经竭尽全力，但比赛时还是没有上场的机会，赛场上因为裁判的误判使你失去了比赛的胜利，但你要让孩子知道这也是成长的一部分，要想获得最终的胜利这是必然要经历的过程，这是一种自我控制延迟满足的能力，是具备独立人格的标志，今后步入社会这种能力被视为获得成功的第一要素。

树立协作的意识

  协作是建立在团队的基础之上，发挥团队精神、互补互助以达到团队最大工作效率的能力。这点在美式橄榄球运动中得到充分体现，在橄榄球场上没有个体明星，球队的胜利需要每个人的努力，不论你是进攻组的队员，还是防守组或是特勤组的队员，对于橄榄球的队员来说，不仅要有个人能力，更需要有在不同的位置上各尽所能、与其他成员协调合作的能力，比如进攻组的四分卫，他是场上的核心，但不管你个人能力有多强，也必须要有线上队员的保护，如果线上队员不能阻挡住对方对四分卫的冲击，再出色的四分卫、再好的战术也不可能成功。还有防守组，不要认为他们的作用只是防守，他们不但要遏制对手的进攻，还要为自己进攻组的队员创造更好的进攻位置，同时还要争取抄截对方的传球，让球队由守转攻甚至直接得分。再例如特勤组的踢球手，感觉全场他出场的时间很有限，但他往往要在球队进攻陷入僵局的时候，通过稳定的射门为球队打开胜利之门。所以橄榄球的每名队员都会为争取每一寸领地而浴血奋战，只要同属一只球队，无论你负责哪个位置，队友的支持与信任是基础，通过彼此间的相互配合、分工协作才能实现团队的胜利。

例如丹泽尔·华盛顿（Denzel Washington）主演的电影《冲锋陷阵》，该片是根据真人真事改编，故事发生在1971年的弗吉尼亚州，当时美国正处在历史上最混乱的时期，黑人要求"取消种族歧视，争取和白人同等公民权利"的呼声日益高涨，各种抗议示威游行此起彼伏。当一所黑人中学和一所白人中学被迫合并后，这所学校的橄榄球队也遇到了问题。刚开始白人队员和黑人队员都不愿意同乘一辆大巴车，在黑人教练赫尔曼·布恩（Herman Boone）的执教下，通过一起训练让黑人和白人球员建立了彼此间的协作意识，实现赛场上的相互支持，赛场上种族问题得到解决，而这支混合队员组成的球队为这座城市带来了久违的胜利，白人和黑人市民一起分享自己球队胜利带给他们的无穷欢乐，同时这座曾因种族偏见而遭分裂的城市恢复了统一。

所以无论比赛场上，还是游戏场上，只要在橄榄球面前，所有人都是配角，只有橄榄球是主角，它是全场争夺的惟一焦点，它是胜利的象征，是快乐的源泉，它具备将不同肤色、不同性格、不同身高、不同体形、不同背景、不同年龄的参与者变成朋友甚至是战友的魔力。了解自己、了解你的伙伴、珍视彼此的差异这就是橄榄球协作精神的体现。

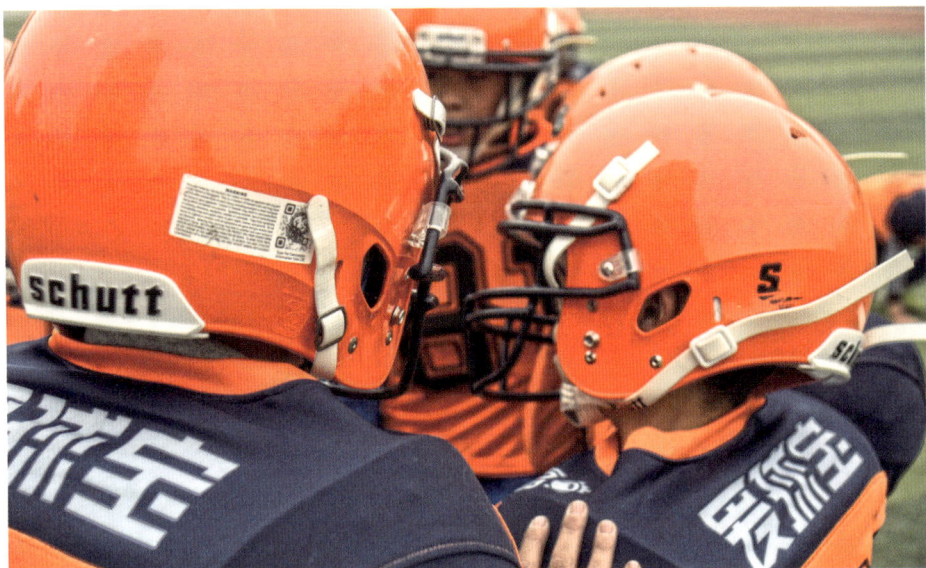

培养思考的习惯

　　独立思考表现为不从众，不人云亦云，不随波逐流，要有独立创新的见解，思维是一种人生的智慧。在很多人眼中，美式橄榄球的球员似乎个个都是膀大腰圆、四肢发达、头脑简单。实际上美式橄榄球是从哈佛、耶鲁、布朗、达特茅斯这些汇集了精英阶层、知识阶层的美国大学校园流行起来的，所以毫不夸张地说，橄榄球运动是生于高校、生于常春藤的，它是多种文化在美国汇流后，经由精英学子们加工优化才应运而生的。橄榄球运动对球员的思维能力有很高的要求，NFL 规定球员必须高中毕业三年以上才能参选，很重要的原因是 NFL 坚信，只有经过大学系统性的学习和熏陶，球员们才能更深刻地理解橄榄球这项运动。在橄榄球训练过程中，教练通常采用引导的方式，让学员敢于挑战权威，激发学员创新思考的能力。

　　例如一次我们在训练间隙，让一位小朋友讲个童话故事给大家听，这个小

朋友给大家讲的是"灰姑娘"的故事，等小朋友讲完后教练就问大家："在这个故事中你最不喜欢的人是谁呢？"很多小朋友说："是灰姑娘的后妈。""为什么呢？""因为她只让自己的女儿去参加舞会，而不让灰姑娘去。"教练又问道；"那你想一想如果你就是灰姑娘的后妈，你会怎么做呢？"有个小朋友回答道："如果我是灰姑娘的后妈，应该也会选择让自己的女儿去参见舞会。""那你们觉得灰姑娘的后妈还那么坏吗？"教练继续问道。小朋友都觉得灰姑娘的后妈也没那么坏，她只是更爱自己的女儿。还有一个小朋友听完故事说："教练我觉得这个故事太假了，为什么一到 12 点所有道具都恢复到了原样，而灰姑娘的水晶鞋没有变呢？"教练提议给这位小朋友掌声，来鼓励他这种善于思考的行为。这只是日常训练中的一个片段，在橄榄球教学中教练会通过这种引导的方式鼓励孩子独立思考的能力，这种能力的提升是潜移默化的。

B/03

球场如职场，打造成功未来

最有价值球员成为美国总统

美国 38 届总统杰拉尔德·鲁道夫·福特（Gerald Rudolph Ford）

福特进入密歇根大学，很快就成为了大学橄榄球队的主力中锋。他率领球队在 1932 年和 1933 年两个赛季保持不败，蝉联全国冠军。他个人也当选了当年最有价值的球员，并被选入全美大学生明星队。福特 1935 年毕业后拒绝了美国职业橄榄球大联盟底特律狮队和绿湾包装工队为他提供的合同，而是靠体育奖学金进入耶鲁大学学习法学。

橄榄球队长成为上市公司的创始人

安德玛创始人凯文·普朗克（Kevin Plank）

1972 年 8 月 13 日，凯文·普朗克出生在马里兰肯辛顿的一个中产阶级家庭，在家中的五个兄弟中，他排行最小。他的父亲是一名房地产商，在他 18 岁那年就去世了，是母亲的培养让凯文·普朗克拥有良好的素质和社交能力。小时候的凯文·普朗克就非常喜欢橄榄球，他还会帮邻居修剪草坪来换取零用钱，从小就展现出了体育和经营的才能。1995 年，凯文·普朗克那一年 23 岁，由于出色的身体素质和拼搏的意识，成为马里兰大学橄榄球队的队长，打球的时候，穿在里面的纯棉 T 恤，经常会被汗水浸透，这让他十分的不适，于是一个想法在他的脑海中萌生：一定有更好的选择。他希望创造一款更加透气的 T 恤。在大学毕业之后，凯文·普朗克并没有去做职业的橄榄球运动员，而是选择了创业。

iC

术业专攻
的

基础训练

C/01
勇往直前的进攻组

布置战术 – 四分卫

传球前的持球（Gripping the Ball）

目的：防止掉球和传球时的脱手。

要点：

▍ 手指张开，通常的持球姿势，包括小拇指、无名指、中指覆盖球线。对于青少年，无名指和小拇指能够覆盖就可以。

▍ 用指尖发力抓住球，保持手心中空状态。

▍ 开球后，双手持球在胸前，非传球手握住球的另外一侧，保护好球，防止防守队员冲撞造成掉球。

传球 (Throwing the Ball)

目的： 传出旋转的球，保证球传出后飞行的平稳和准确，也利于本方球员接球。

要点：

▌准备传球时，双手持球于胸前，双脚打开与肩同宽。

▌判断好传球的位置，把重心转移到支撑脚上（右手传球，重心转移到右脚）。

▌传球时，手臂向后抬起，球靠近耳朵，手肘与肩同高。

▌前脚向传球方向迈出，重心落到前脚。非传球手在身前自然落下，同时转动髋部。重心的转移给传球提供力量。前脚步幅大小决定传球高度和距离。脚尖、前肩、髋部同时指向传球方向。

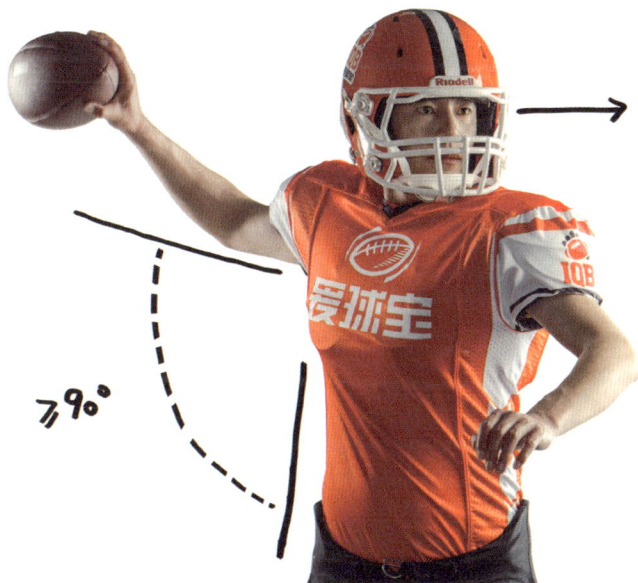

▌传球时手肘带动肩部向前转动，手腕收紧，手臂前伸，从头上方将球传出。

▌球出手后，手掌向下旋转至大拇指向下，小拇指向上为止，其余手指指向转球方向。

▌传球发力，身体重心要随着传球动作转移，尝试全身发力。避免传球运动轨迹过低：出球时间提前。

▌快速传球：传球前双手持球位置尽量高（脸颊附近），抬高肘关节。

▌准确的传球：出手前脚尖正对传球目标，掌握好出手时机，不可过早或者过晚。

如何接中卫的开球（Taking the Center Snap）

目的：快速接到开球完成传球，避免掉球等失误。

要点：

▌把四分卫布置在中卫身后，紧贴中卫，双脚分开与肩同宽，屈膝、后背挺直、目视前方。

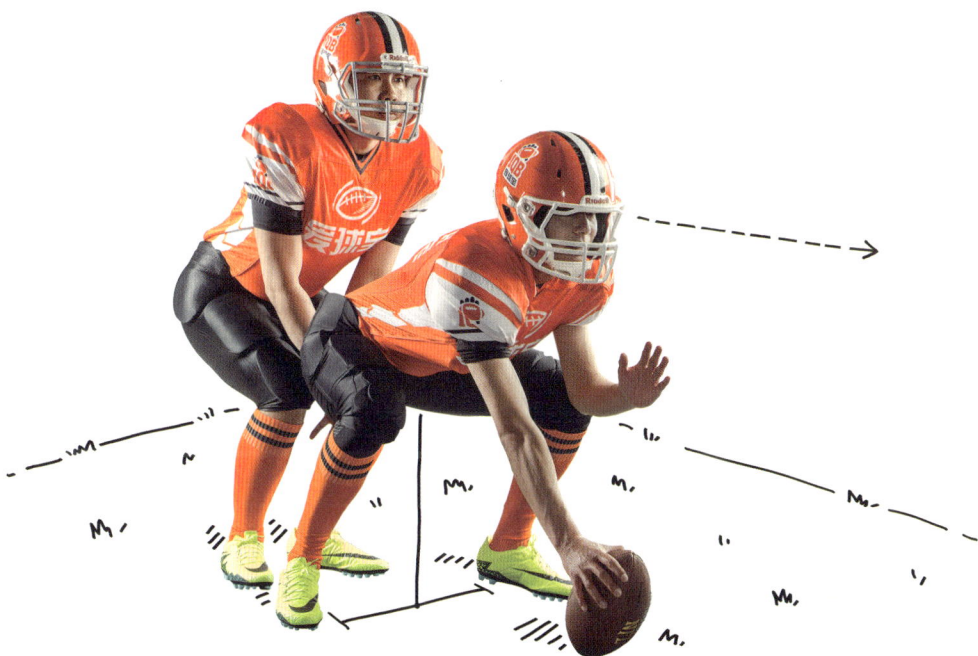

　　四分卫传球的手紧贴中卫的臀部，手掌向下，手背向上用力，让中卫准确感觉到手位置。另外一只手掌心向前，手指垂直地面，两只手成90°开合状。

　　四分卫拿到中卫开球后保护好球。

交递球（Handing the Ball Off）

目的：确保手交递球的稳定，跑锋拿到球后做好对球的保护。

要点：

▎向跑锋方向移动。

▎单手持球，手臂前伸，避免和跑锋相撞。

▎四分卫单手持球，把球牢牢放在跑锋的小腹位置，确保拿稳。

▎交递时避免扔球：可以尝试双手持球做交递动作。

▎避免与跑锋相撞：要和跑锋保持一定距离，与跑锋侧面接触，不要正面面向跑锋。

短抛（Pitching the Ball / Toss）

目的： 另一种跑锋进攻的形式，一般用于想让跑锋迅速向边线移动的战术安排。

要点：

▌ 四分卫以靠近跑锋的脚为轴，转身，向着跑锋的位置移动，并低位地将球传给跑锋。

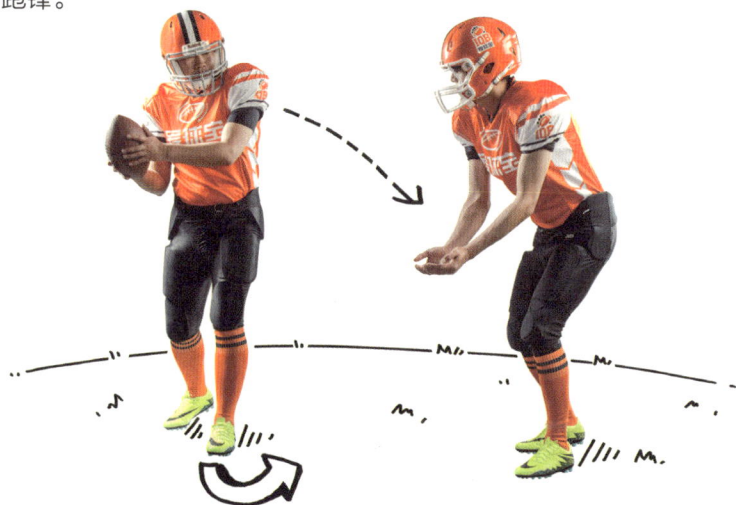

▌ 抛球在跑锋的胸部高度，保证他可以舒服接球。

四分卫脚步

交叉步（Crossover Step）

目的：相对简单易学，在比赛中可以快速传球。

要点：

▌以右手传球为例，向后移动，向后侧迈右脚，然后左脚交叉到右脚外侧，右脚再向后移动，传球时不要交叉步站立，右脚站稳传球。

后撤步（Backpedal）

目的：传球中视野更加开阔，有利于选择传球目标。

要点：小碎步迅速后撤。

强行突破 - 跑锋

站姿 两点站立或者三点站立

三点站立（Three-point Stance）

目的：快速启动。

要点：

▌两脚比肩略宽。

▌两脚平行站立，重心落在两脚之间，保证从任何方向出击都能保持平衡。

▌弯腰，保持背与腰在一个平面，膝盖放松。

▌一手手指张开，手指肚支撑地面。大部分体重放在腿上，小部分放在手上。

▌抬头目视前方。

两点站立（Two-point Stance）

目的：视野更加开阔，有助于观察。

要点：

▎双脚分开与肩同宽。

▎重心放在两腿之间，脚放平。

▎膝盖放松，抬头眼睛直视前方。

▎手掌自然放在大腿上。

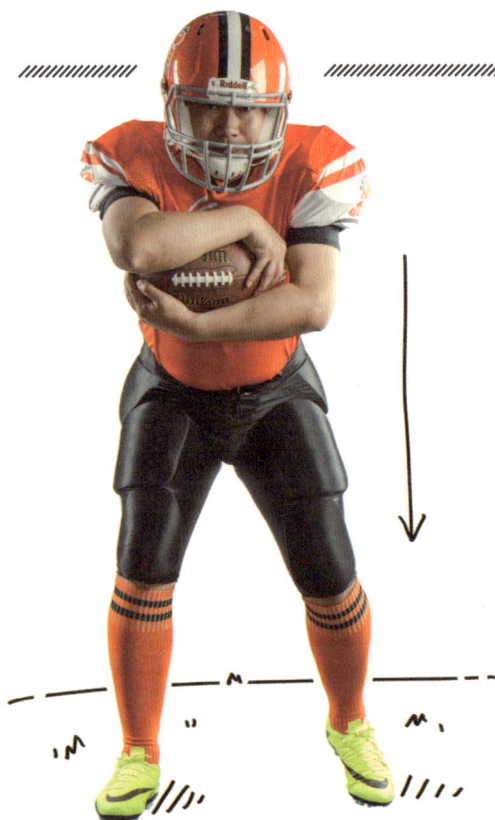

接交递球 (Receiving Handoffs)

目的：以防接球时手肘撞到四分卫，同时接球后能够迅速保护好球。

要点：

▎跑锋靠近四分卫一侧的手臂抬起，手肘弯曲，与肩同高，小臂内收另一侧手臂手心向上。

▎跑锋的外侧手略高于腰，手心向上，手肘自然弯曲，双手持球并抱稳。

持球（Carrying the Ball）

目的：在持紧球的同时不影响跑动。

要点：

▌跑锋应单手鹰爪式持球。

▌小臂包住球身，贴紧身体。

▌球尾部抵住手肘内侧。

避免被擒抱（Avoiding Tackles）

目的：摆脱防守，争取更大的码数或者达阵得分。

要点：

▌快速变向：快速变向的同时还要不断变换重心来迷惑防守队员。如向左进攻，应把重心落在右腿，再迅速向左移动重心，以此迷惑防守队员。

▌变速：跑锋某些情况下利用速度的变化也可以迷惑防守队员。

▌直臂推开防守队员：直臂推是面对防守队员时非常有力的武器，而且很有可能是距离防守队员很近的时候躲避擒抱的唯一选择。当防守队员准备擒抱跑锋时，跑锋手指张开，向上抵住对方胸部或肩部，用力伸直手臂推挡就可以摆脱对方的擒抱。

远程轰炸 – 外接手

站姿（Stance）

目的: 开球后能够快速启动。

要点：

▌ 外接手是两点站姿，膝盖自然弯曲，重心前倾，靠近四分卫的脚在前。

▌ 头偏向一侧能看到中卫开球。开球之后，迅速按制定进攻路线跑动。

迷惑防守队员（Faking out Defenders）

目的：晃开对手，拉开空档，为接球创造机会。

要点：

▌ 迅速执行进攻路线，不要过多地与对方身体接触，利用摆头来迷惑防守队员

▌ 单次假动作（身体重心一次变化）的过人方式；多次假动作（身体重心多次变化）的过人方式。

阻挡（Blocking）

目的：不接球时为队友进攻开路。

要点：

▍外接手要把防守队员向进攻方向的同侧阻挡。

▍双手用力推防守队员胸部尽量使防守队员远离持球队员。

接球（Catching Passes）

目的：接住传球完成推进或得分。

要点：

▍竭尽全力接到四分卫传球，即使传球不准，也要阻止对方接到。

▍手臂自然弯曲，手心向外，手指向上自然伸直，虎口相对。

▍低位接球时，掌心向上，小臂内收。如果身后有防守队员，要向前移动接球，不要在原地等球。高位接球时，双手举过头顶，大拇指托住来球。

▍避免球从护甲弹起，因为双手距离身体太近，导致球撞向护甲，应该手臂自然伸直，用手接住来球，顺势向身体屈臂缓冲。二是因为双手距离过远，使球从两手之间穿过，应尽量使大拇指与大拇指相对，食指与食指相对。

▎避掉球：一是因为持球姿势不对，应该采用鹰爪式持球；二是因为急于进攻，对球还未控制住，导致失误；三是因为和防守队员争抢位置，导致失误。

攻守兼备 - 近端锋

站姿（Stance）
三点站姿 (Three-point Stance)

目的：近端锋有时也作为防守线来保护四分卫。

要点：

▎距离球远的那一侧的手向前伸，手指支撑地面，双脚与肩同宽，脚尖和膝盖向前。

▎另外一只手抬起。背稍稍拱起，头向前看。

向外跑动接传球

（Running Pass Patterns to the Outside）

目的：甩开防守创造接球机会。

要点：

▌ 开球后迅速向外跨一步。

▌ 如果遇到防守队员纠缠，用力迅速将其向里挡，借力迅速向外移动。

▌ 借助阻挡防守队员的反作用力，手臂紧贴身体，沿进攻路线跑动，随时准备接住来球。

▌ 避免在起球线处被对方控制，开球前将双手置于胸前，防止防守队员接近。

保驾护航 – 进攻线

站姿（Stance）
三点站姿（Three-point Stance）

目的：有利于快速反应，保护四分卫。

要点：

▌双脚分开略宽于肩，距离球远一侧的脚在前，后脚的脚趾与前脚脚跟平行，双脚脚跟略微抬起。屈膝，重心前倾。距离球远一侧的手触地，手指分开，触地的手距离后脚 50 厘米左右，小个队员可以近一些，如果没有距离的概念，手放在鼻子下面就可以。另一只手自然放在大腿上，背微微拱起，收紧臀部，头向前看。

///

中卫站姿和开球（Center Stance and Snapping the Ball）

目的：快速开球后保护四分位。

要点：

▌双脚略宽于肩，屈膝，俯身与腰同高，背部微微拱起，始终抬头。左手放在左腿上，准备冲撞。

▌右手握球，无名指握住球右侧，大拇指握住球线。把球置于右眼斜下方，球远离身体，球线冲上，将球倾斜 45 度，球尖着地；开球后，把球线横过来。

▌开球，把球线横着从胯下交给四分卫然后防守，四分卫接球后迅速松开。

移动中阻挡（Run Blocking ／ Drive Block or Base Block）

目的： 为持球队友开路，获取更大进攻码数或达阵。

要点：

▌当防守队员是四点启动动作时，推其下巴带的位置；如果防守队员站起来，推胸甲带扣位置。

▌用小碎步向前移动阻挡防守队员，手肘向下，肩部收紧，双手抓住对方带扣位置，大拇指向上，用力推。

▌双腿发力，手脚协调并用，迫使对方后退。腿发力，而不是用脚尖；要持续不断地迈小碎步移动，并降低重心，头盔在对方面罩下方，便于发力。

保护四分卫（Pass Blocking）

目的：为四分位传球进攻争取更多的时间。

要点：

▌起始站位，双脚与肩同宽，屈膝，抬头，直背。

▌开球以后，双手放胸前，拇指向上。

▌中卫和左右护锋形成口袋形状，将四分卫保护在口袋阵中，阻挡防守线袭击四分卫。始终保持脚部移动，推对方胸前号码位置，大拇指向上。始终抬头盯住对方胸前号码位置。

C/02

固若金汤的防守组

四分卫噩梦 - 防守线

准备姿势（Proper Stance）

三点式准备 (Three-point Stance)

目的： 应对对手做出快速反应。

要点：

▎双脚与肩同宽，外侧脚（离球远的脚）后撤一脚距离。

▎外侧手撑地，重心前移，手支撑上身体重，另一只手放于发力腿准备冲击。

▎后背挺直，肩部微微高于臀部，体重压于支撑手和启动腿（前腿），头抬高，眼睛注视阻挡者。

摆脱阻挡者技术 (Fighting off Blocks)

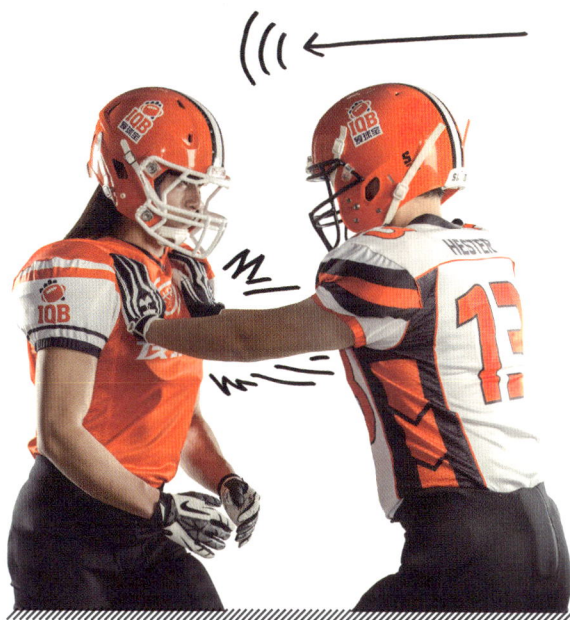

用手冲击 (Hand Shiver)

目的： 可以迅速摆脱阻挡者进行对有球队员的防守。

要点：

▎手着力于阻挡者胸部或肩甲位置。

▎手臂微屈，肘关节内收，与阻挡者保持一臂左右的距离。

前臂冲击 (Forearm Shiver)

目的： 摆脱阻挡者对防守队员的手部控制。

要点：

▎小臂同大臂成 90 度，平行于地面，顶住阻挡者球衣胸前号码位置。

▎看准时机用另一只手将阻挡者推开。

猛冲及控制对手 (Blast and Control)

目的： 控制对手的冲击和阻挡，实现对持球队员的擒抱。

要点：

▎迅速冲向阻挡者，近侧手插入腋下顶住对手胸部位置，另一只手抓住肩甲。

冲击四分卫传球
(Rushing the Passer)

正面猛推 (Bull Rush)

目的： 接近传球者，施加压力或擒杀。

要点：

▎肘关节加紧，小臂微屈，手推阻挡者胸部或者肩部以下位置，双腿使劲蹬地，迫使阻挡者后退。

自由泳式过人 (Swim Move)

目的：面对比自己矮的对手实现快速突破。

要点：

▌选择一边突破时，外侧手（离阻挡者远侧手）推后背部，另一只手做自由泳动作穿越阻挡者，同时近侧腿迅速前提穿越。

撕裂式过人 (Rip Move)

目的：快速开辟穿越对手的通道。

要点：

▌肩膀迅速靠近阻挡者，同时利用靠近防守者手臂抵住其腋窝，然后向上顶，让其行动变慢。

跑锋杀手 – 防守线卫

准备姿势（Proper Stance）

目的：当开球后能依据场上形势快速作出反应。

要点：

▎线卫准备姿势为半蹲姿。

▎双脚平行成一条线，身体重量放于前脚掌（靠近球的一侧）。

▎头抬起，眼睛注视四分卫。

▎双手自然放松于体前超过膝盖的位置。

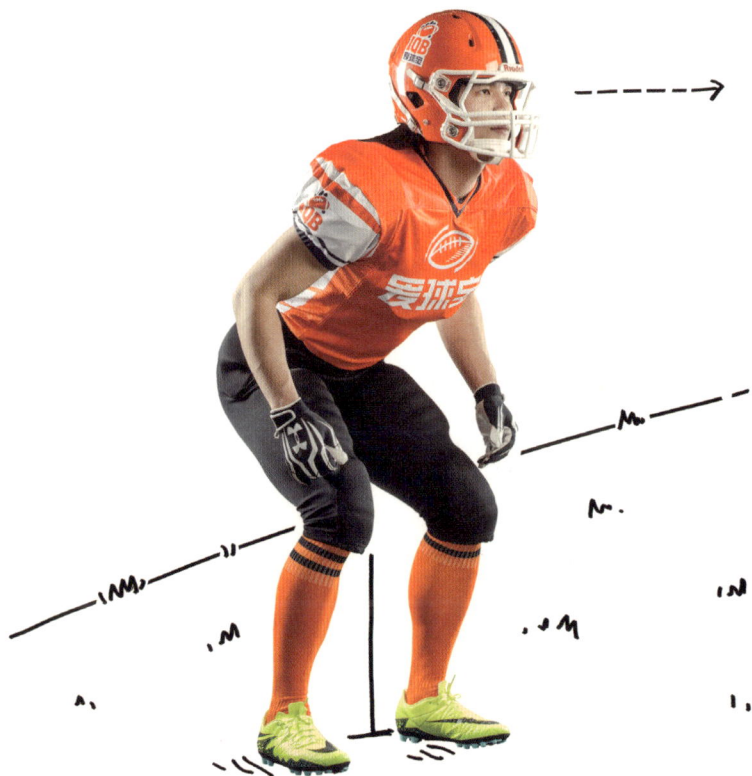

正确的擒抱技术

(Proper Tackling Technique)

目的：阻止持球进攻队员前进（根据情况有时也会将持球队员抬起放倒在地或擒抱大腿部位）。

要点：

▎线卫保持头抬高，眼睛注视被擒抱者球衣胸前的数字。

▎一侧肩膀对准持球者裤带上方，用肩甲先接触持球者。

▎接触持球者后，保持臀发力，同时双臂抱紧持球者。

外接手天敌 – 角卫

角卫技术（Covering Receivers）

目的：跟紧外接手，防止其接球或接球后及时阻止其前进。

要点：

▌角卫准备姿势前后站立，靠近球一侧脚站前，前后脚相距半步距离。

▌臀部平行于启球线，双臂自然放于体侧。

▌身体处于半蹲姿态，鼻子超过脚尖，转头注视观察四分卫。

▌当开球后，通过前脚蹬地做后退跑，保持脚尽量贴紧地面并且步子短小。

▌后退中上体微微前屈，手臂前后摆动，保持自己处于外接手的一侧。

最后防线 - 安全卫

安全卫技术（Safety）
站姿（Stance of Safety）

目的： 迫使对方外接手接不到球，或破坏对手接球。

要点：

▎与启球线大概成 45 度角站立，身体侧对四分卫。身体呈半蹲姿态，双手自然放于体侧，眼睛注视四分卫。

▎破坏传球和迫使掉球，在外接手控制好球之前将球打掉，防守队员从外接手背后接近并举高双臂。

▎防守队员手从上往下打，同时击打外接手小臂内侧。防守队员手掌向外，努力将外接手的手向外、向下打，迫使其控制不住球。

▎如果有机会抄截对方传球，首选努力去抄截对手。

C/03
出奇制胜的特勤组

百步穿杨 - 射门

长开球（Long Snapping）

目的：迅速、准确开球为射门做保障。

要点：

▌中卫从胯下低头确认目标，找到扶球手。

▌中卫双手扶球，让缝合线正对自己，球与地面夹角尽可能小。

▌中卫从胯下注视扶球手。

▌开球时，中卫用双手将球开出，并用手掌使球旋转传出。

▌ 开完球后迅速起身阻挡想要穿过他的对手，如果对面没有人，应积极帮助左边或右边队友阻挡。

扶球（Holding the Ball）

目的：让踢球手更舒服地射门得分。

要点：

▍扶球手靠近中卫一侧小腿完全贴地，另一腿半蹲，与中卫、球门成三点一线。

▍确定接到开球后应将球放置的位置。在确定开球前，确认踢球手已经做好准备。

▍双手接开球，调整球放于正确合适的位置。用接近踢球手的一根手指扶球尖，另一只手拨球（如果需要）让球的缝合线背对踢球手。

足球式射门（Soccer Style Kick）

目的：更精确地将球踢进球门帮助球队得分。

要点：

▍助跑角度大概在30度。微微低头看球确定橄榄球的位置。

▍当扶球手接到球后，踢球手非踢球脚先动，开始助跑。

▍在准备踢球前非踢球脚要上一大步做支撑，脚尖正对目标。

▍踢球腿摆动，用正脚背去踢球，踢球手低头眼睛跟随他的踢球腿直至目标。

以退为进 - 弃踢

弃踢

目的：尽可能让对手在离本方阵区近的地方开始进攻。

要点：

▎弃踢手身体微微前倾站立，踢球脚微往前站。

▎弃踢手双手放于胸口稍高位置，给中卫开球口令。

▎胳膊伸开，接到球后确认橄榄球缝合线向上后胳膊完全伸直。

▎踢球腿往前上一小步。另一条腿正常上一步，同时松手让球从踢球腿上方胸口位置自然落下。

▎上一步完成后，踢球腿往前，大腿带动小腿，整个身体往上抬起。弃踢手在球落于膝盖高位置左右脚触球。

吹响号角 – 回攻

目的： 为进攻创造更有利的起始位置。

要点：

▌接球回攻手眼睛注视球确定好球的落点。

▌双手手掌朝向胸口位置，肘关节加紧。

▌双手接好球，保护好球，开始跑动回攻。

C/04

丰富多彩的训练法

运动技能的提升是需要不断的积累并遵循科学的训练方法，在训练中通常会采用循序渐进的训练原则，科学的训练方法有助于球员承受高强度的比赛需要。橄榄球运动技能的掌握需要经历泛化阶段、分化阶段、巩固提高阶段和自动化阶段。重复枯燥的练习是不可避免的，如果训练中缺乏趣味性也会导致球员在训练中积极性减弱甚至是失去兴趣，因此训练方法的多样性在训练中显得尤为重要。

对于大多数初学者来说建立对橄榄球运动的兴趣比提升他们的竞技水平更加重要，通过趣味性更高的训练方法可以有效提高球员训练的积极性，使他们从"要我学"转到"我要学"。例如通过丰富的训练游戏，让初学者在训练游戏中获得到成功的喜悦，使球员在轻松的训练氛围中提升橄榄球技能。

橄榄球的训练方法多种多样，也不需要过多的训练器材，有时一个橄榄球和几个标志桶就可以进行多种的训练。下面给大家介绍几种简单有效、趣味性强的训练方法。

	橄榄球		
队员		半圆柱	传球路线
持球队员		敏捷梯	跑动路线
标志桶			桶
敏捷环		腰旗	球踢

M 型跑动

方法：五个人一组，一人站在起始点标志桶处，其余四个人分别站在其他标志桶处。起始点的队员听到口令后，按照 M 路线跑动绕过每一个点，标志桶处的队员在持球者经过时努力拍打持球者的球，在跑动中要求左右手更换持球（外侧手持球），保证不掉球。

规则：外侧的手持球（远离防守方）、护住橄榄球、拍打者只能拍打一次球，不能打到持球队员。

器材：标志桶 X5、橄榄球 X1

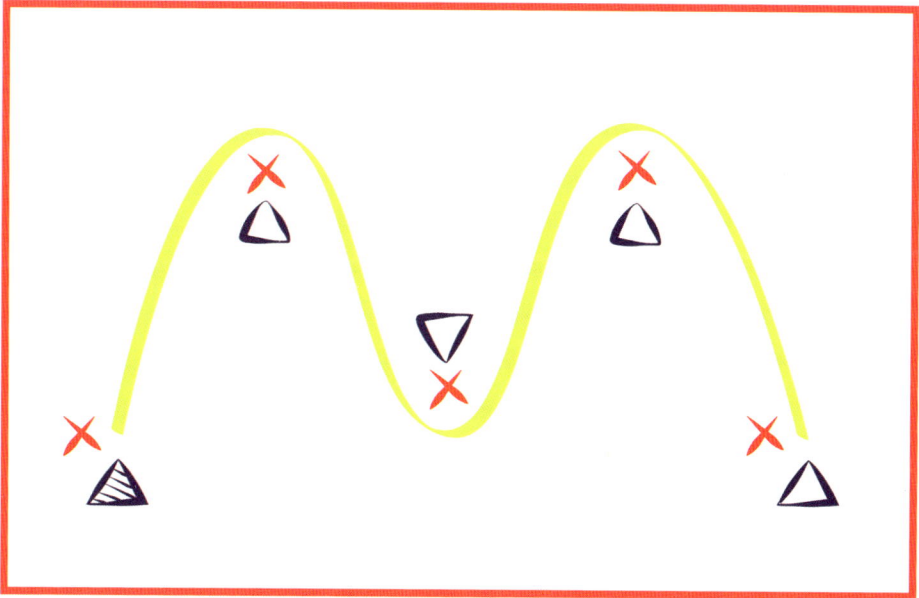

团队达阵

　　方法：将队员平均分为两组，站在场地两侧。每一方有三个橄榄球，持球队员从本方区域持球进攻，在没被拔旗的情况下进入对方场地内将橄榄球放入敏捷环内算达阵得分。若被拔旗，将球给对方并回己方场地防守。

　　规则：未持球人员不得进入对方半场、提醒拔旗队员横向移动和精准拔旗、提醒持球队员的持球手势。

器材：敏捷环 X8、橄榄球 X6、腰旗、标志桶若干

画腰旗

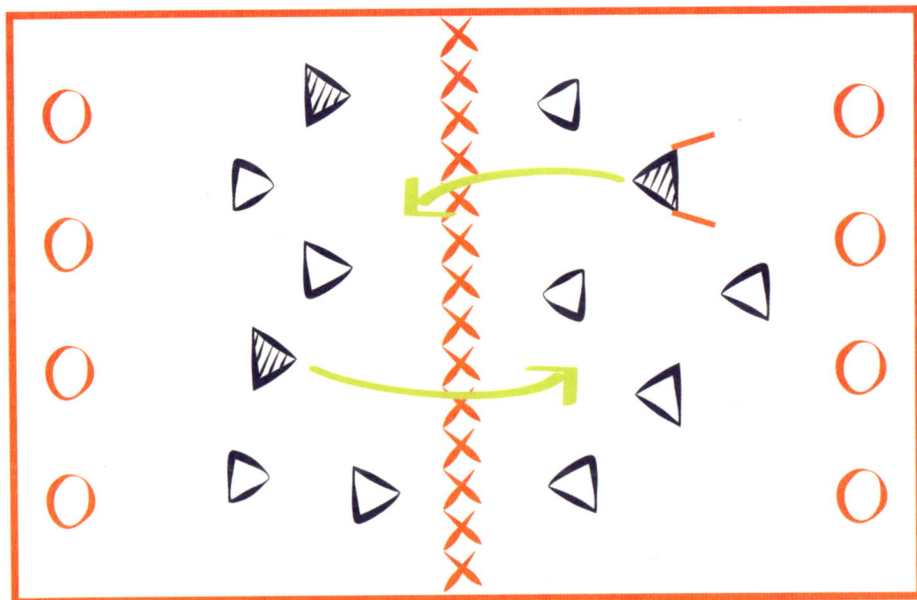

传球"射门"

方法：将队员平均分为两组，站在场地两侧。持球者将球扔入对方球门（两个标志桶内的无限延长线区域内）算得分，防守方也可以抄截或破坏传球。在规定时间内得分多的队伍获胜。

规则：不得进入对方场地、注意传球动作要领。

器材：橄榄球 X6、标志桶若干

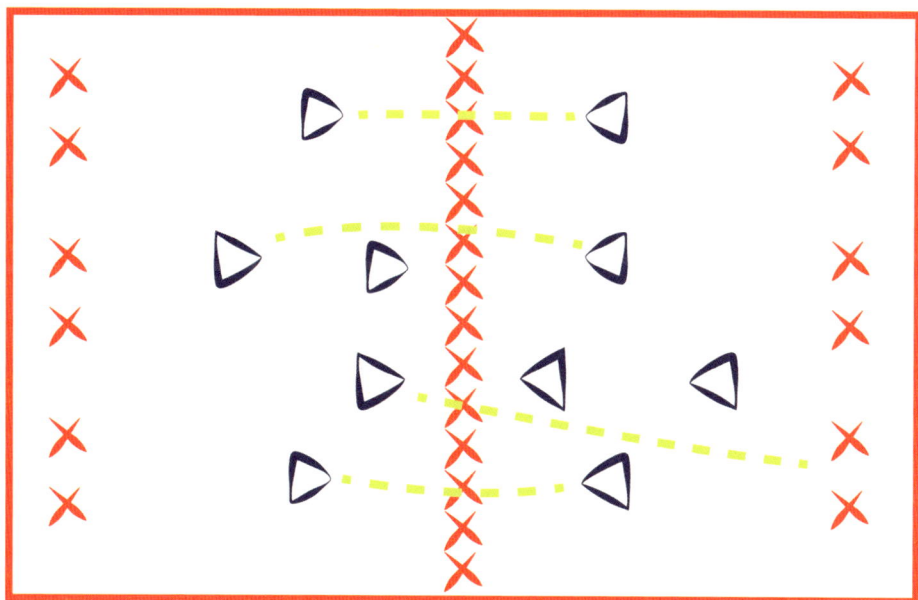

传球训练

方法：两人一组相距 5 码传球。单膝跪地传球：保持身体正对传球目标，可换腿进行。正侧向传球：传球手在后，侧向面对传球目标，只转动身体传球。反侧向传球：传球手在前，侧向面对传球目标，只转动身体传球。

规则：握球方式、扔球动作、侧向传球时双脚不离地。

器材：橄榄球若干

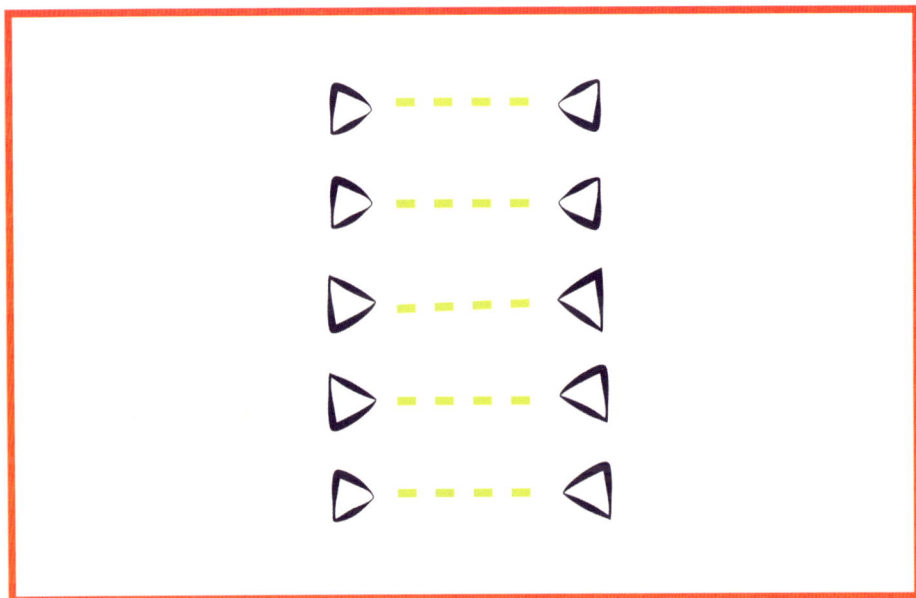

战舰大战

方法：将队员分成 3 人一组，每组一艘舰（4 个标志桶围成的区域），听到口令后，开始攻击其他船舰的四个标志桶，防守队员不能通过接触标志桶来防守。一人进攻一人防守一人捡球，4 个标志桶都倒下的队伍失败，存活到最后的队伍获胜。

规则：除捡球者不能出自己的范围圈、3 人每次交换角色、扔球动作、防守动作。

器材：标志桶 X16、橄榄球若干

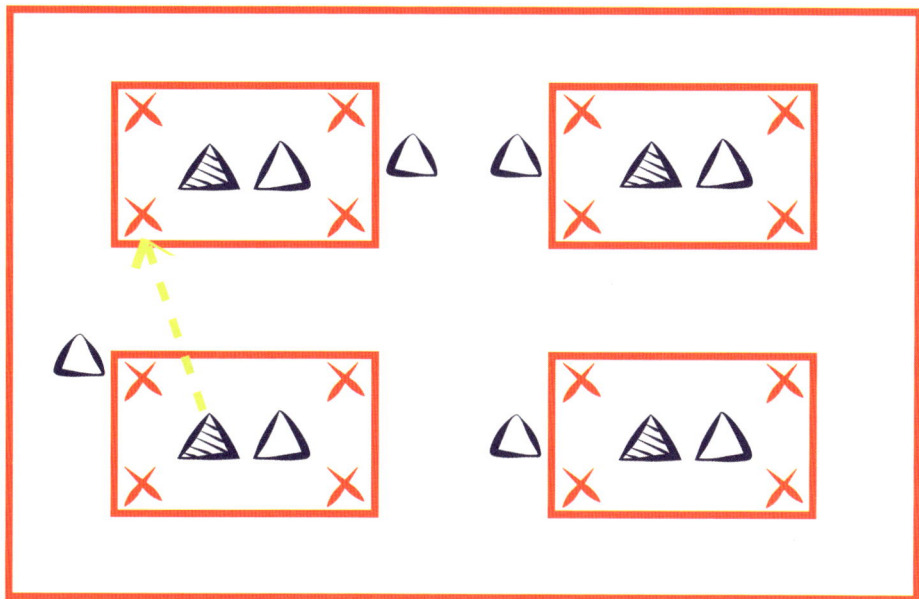

传球接力

方法：将队员分成 5 人一组，每个人站在指定标志桶处，从第一人开始，按照 W 型依次传球接力，最后一人将球放入达阵区内（敏捷环）。哪个队先达阵 5 次即为获胜。所有队员站定传接球，不得移动。

规则：传球中没有接住球，将从第一点重新开始、提醒队员传球和接球动作。

器材：敏捷 X2、标志桶 X10、橄榄球 X10

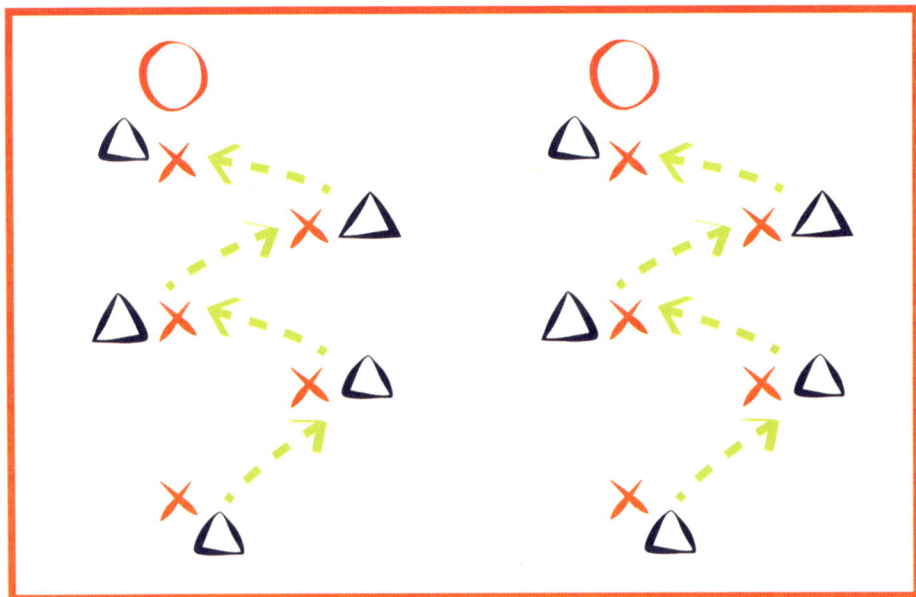

交递球接力

方法：将队员平均分成两队，排头面对面站一列，依次在同侧进行交递球练习。前一人交递时，下一人出发。连续交递30次即为挑战成功。掉球将重新计数。可以适当提高难度，穿插"真假交递"。

规则：提醒队员交递动作、速度由慢至快、假交递时动作要求逼真。

器材：橄榄球 X1、标志桶 X2

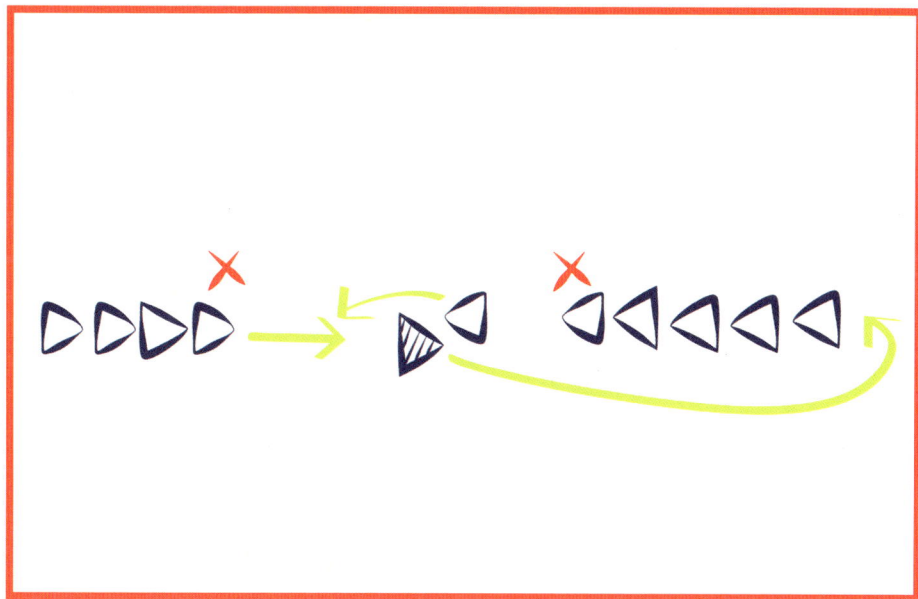

1V1 扯旗

方法：两个队员为一组。在四个标志桶围成的 5 码正方形区域内，一方佩戴腰旗并持球，一方为防守队员。持球队员在区域内保持 15 秒不被拔旗视为获胜。若被拔旗，视为防守获胜并交换角色进行。

规则：提醒队员拔旗动作、持球队员不得护旗、场地区域不可过大或过小。

器材：橄榄球 X1、标志桶 X4、腰旗 X1

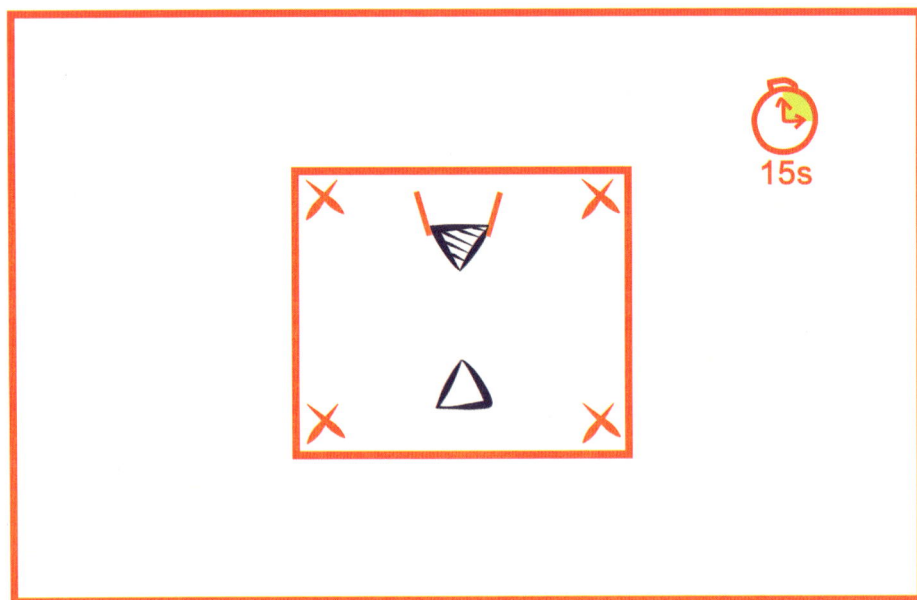

路线跑动

方法：三组路线跑动，依次进行。两名队员分为一组，传接球过程中互换四分卫和外接手的角色。按照标志桶摆放跑"鱼钩"、斜插、直下等不同路线。每个路线完成一次接球可换下一个路线，一共完成三轮。

规则：四分卫与外接手并列、注意外接手站姿、在四分卫下口令后开始跑动、外接手路线跑动准确性。

器材：橄榄球若干、标志桶若干

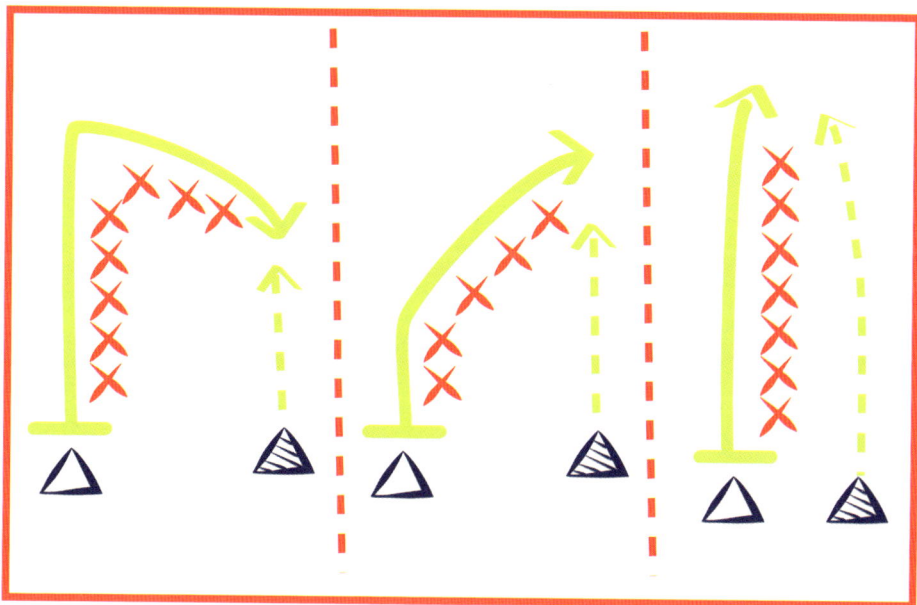

接球推进

方法：三组路线跑动，依次进行。两名队员分为一组，传接球过程中互换四分卫和外接手的角色。按照标志桶摆放跑"鱼钩"、斜插、直下等不同路线。接住球后向前跑入敏捷环视为达阵。养成接球后推进的习惯。每个路线完成一次接球可换下一个路线，一共完成三轮。

规则：四分卫与外接手并列、注意外接手站姿、在四分卫下口令后开始跑动、外接手路线跑动准确性、接球后的推进。

器材：敏捷环 X3、橄榄球若干、标志桶若干

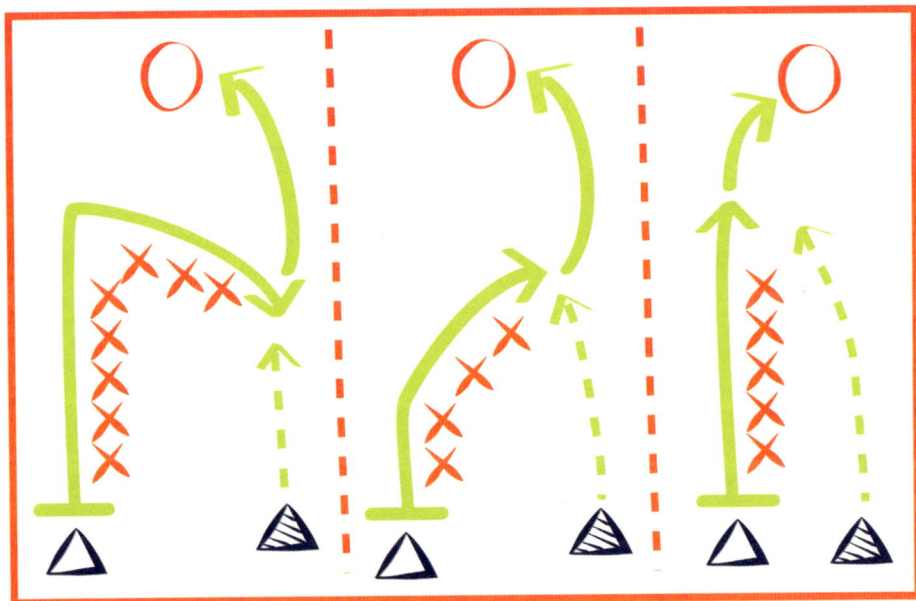

空中对接

方法：将队员平均分为两队，两队面对面距离 5 码站立，弯腰进行低手互相传球，不让球掉在地上。过程中双方均不得移动，在 1 分钟时间内尽可能多地进行接力，掉球重新开始。可以增加相距码数来提高难度进行。

规则：弯下腰传球／抛球、低手接球的手型。

器材：标志桶若干、橄榄球若干

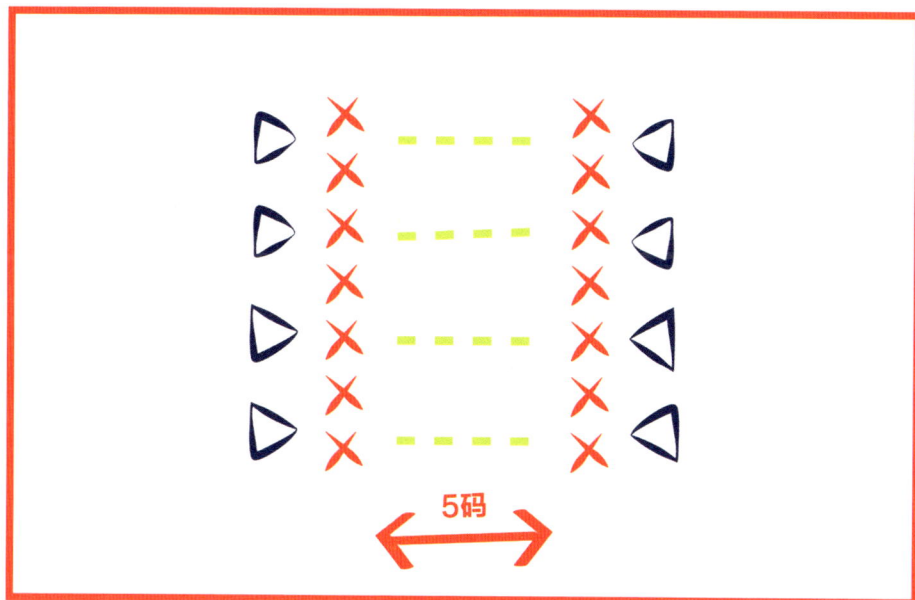

5码

W 型跑动与接球

方法：将队员分为两人一组，一人作为四分卫，另一人为外接手，一轮后角色互换。外接手在开球点标志桶处，听到四分卫口令后开始。跑到第一个点接到传球，跑回将球触地放到第一个敏捷环内；再跑到第二个点接到传球，跑回将球触地放到第二个敏捷环内；再跑到最后一个点接到球，将球触地放到最后一个敏捷环内。

规则：传球者的传球姿势与要领、外接手路线跑动与接球要领。

器材：标志桶 X4、敏捷环 X3 、橄榄球若干

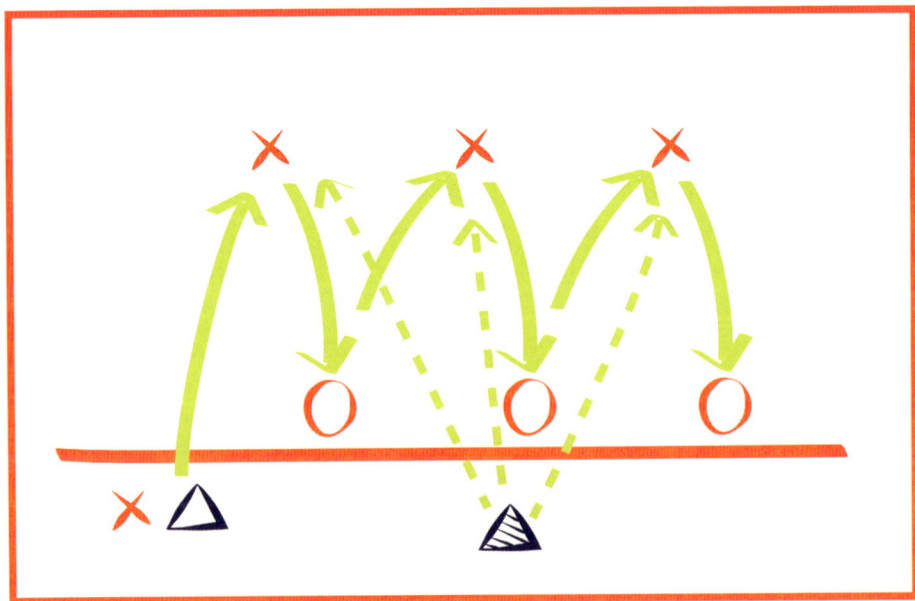

踢球与回攻

方法：将球员分为两人一组。一人踢球，一人带上腰旗接球并回攻。踢球手距离回攻手 20 码（18 米）处踢球，回攻手接到球后回攻到球 T 位置，踢球手踢球后进行防守拔旗。两人交换角色进行。

规则：踢球手注意动作、踢球的指定位置、回攻手接高空球手型和跑动注意事项。

器材：标志桶若干、橄榄球若干、球 T/ 中空圆盘若干

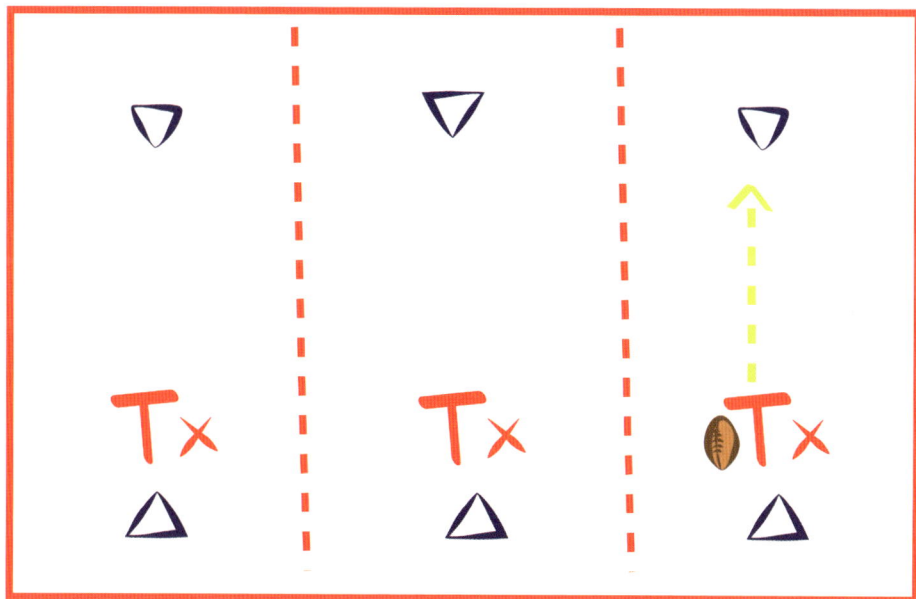

真假跑练习

方法：将球员分为两人一组，跑锋站在四分卫身后 3~4 码处。由四分卫给跑锋口令并开球，并向后转身移动交递给跑锋或者假交递后传球给跑锋。跑锋根据四分卫制定的战术口令，跑过指定通道。选择"左 1"或者"右 2"等。

规则：注意两侧不同的交递手型、真假交递动作、四分卫交递注意事项、脚步控制。

器材：标志桶若干、半圆柱若干、橄榄球若干

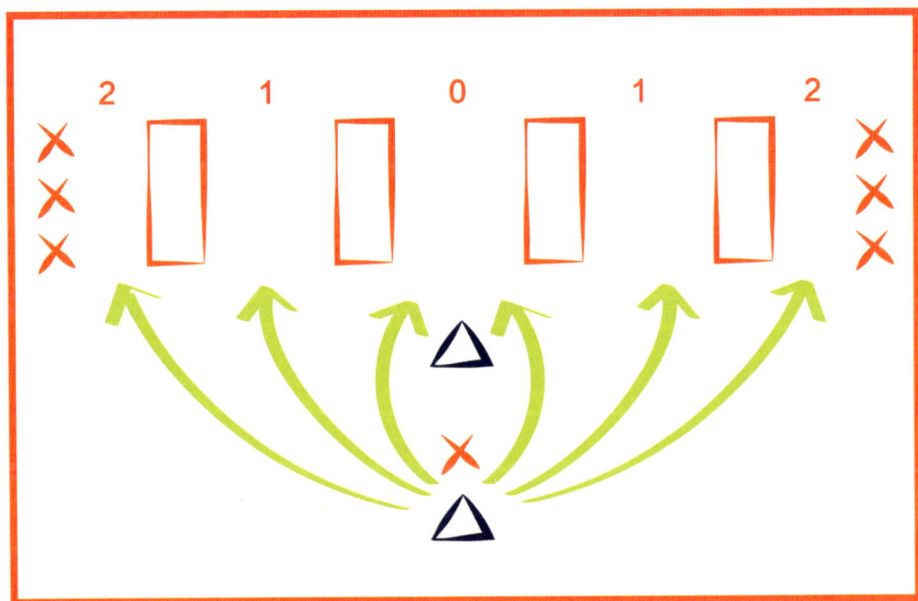

星状跑动

方法：以敏捷环为中心，距 5 码围一圈摆放标志桶。听到口令后，队员持球从中心敏捷环出发，向标志桶冲刺，再退回到敏捷环处；顺时针方向冲刺到下一个标志桶，再退回到敏捷环处；重复此动作，直到转一圈全部完成。第一名队员完成一半时，第二名队员再开始。

规则：保证快速小步移动、保持重心在中间位置、不要忘记摆臂。

器材：敏捷环 X1、标志桶若干、橄榄球 X1

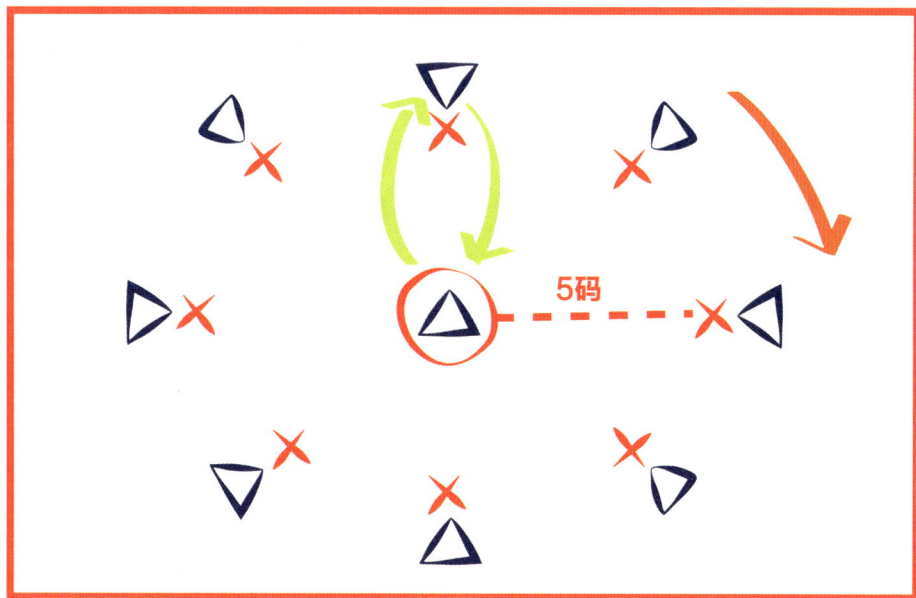

传球入桶

方法：将队员平均分成四组，每组有自己的场地区域。场中央放置三个大桶。桶周围放置间隔和距离不同的传球标志桶。开始后，学生持球跑到传球点，将球传入桶内，可将传球点的标志桶带回己方场地区域。结束后，带回标志桶最多的队伍获胜。

规则：传球要点。

器材：大桶 X3、标志桶若干、橄榄球若干

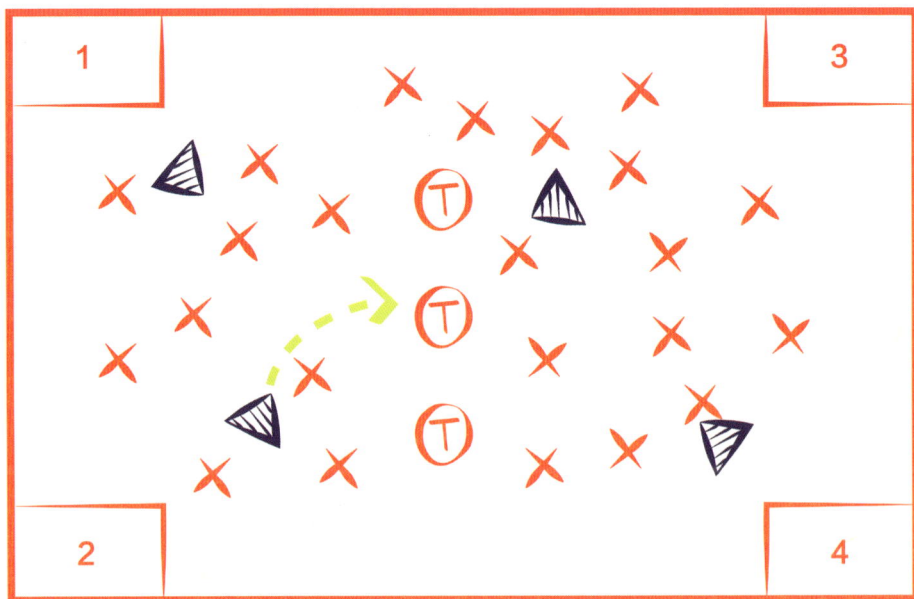

绳梯训练 1

方法：利用绳梯练习脚步。队员从绳梯左侧标志桶出发，单手持球面向绳梯，横向移动，双脚跳跃进出绳梯横档，同时向右移动。完成后绕过右侧标志桶跑回起点排队。第一名队员完成一半时、第二名队员再开始。

规则：快速小步移动、双手摆臂、保护好球、抬头向前看。

器材：橄榄球若干、绳梯 X2、标志桶 X2

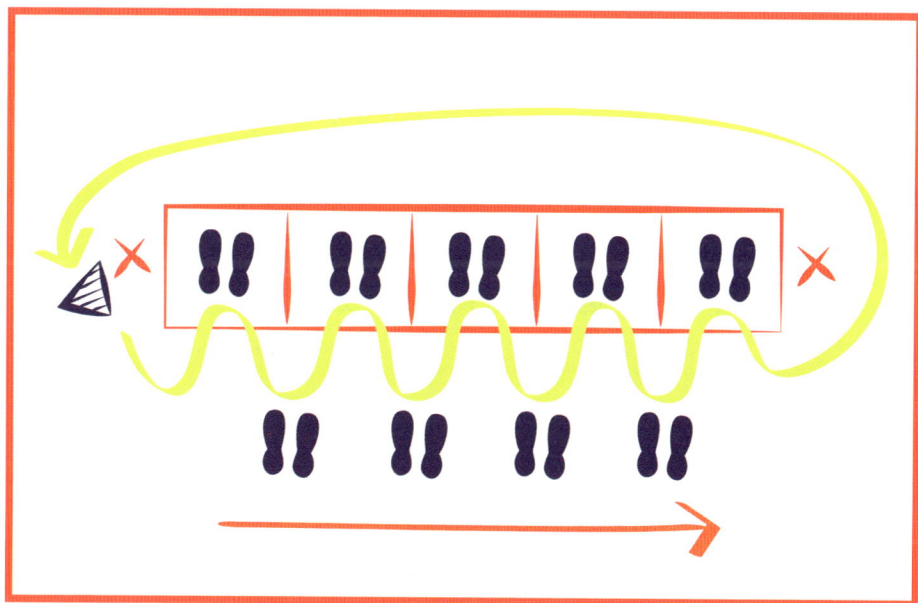

绳梯训练 2

方法: 利用绳梯练习脚步。队员从绳梯左侧标志桶出发, 双手持球面向绳梯, 双脚高抬跳起向前迈向绳梯横档。完成后绕过右侧标志桶跑回起点排队。第一名队员完成一半时、第二名队员再开始。

规则: 保护好球、高抬腿、抬头向前看。

器材: 橄榄球若干、绳梯 X2、标志桶 X2

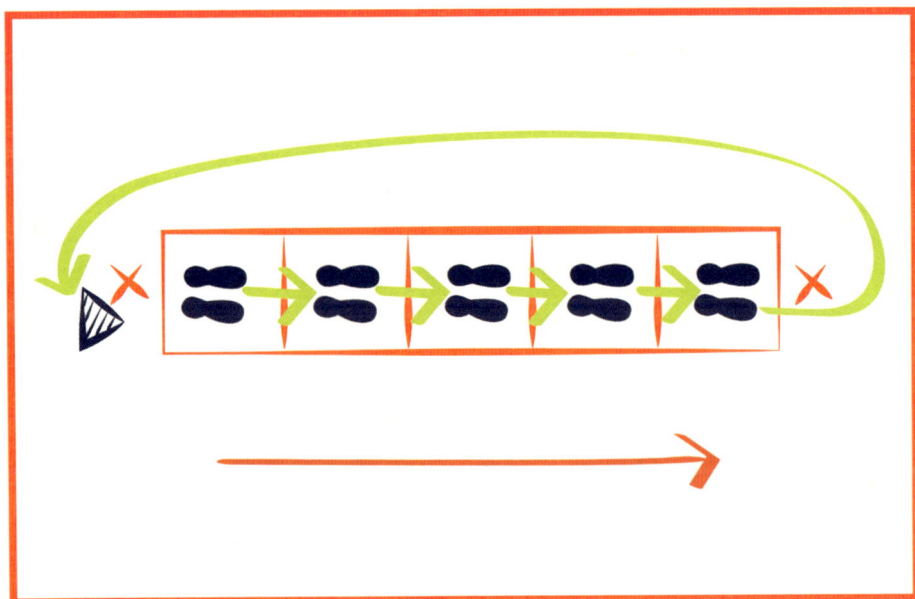

疯狂接球

方法：以敏捷环为中心，距5码围一圈摆放标志桶（距离可调节）。每个标志桶处站一名队员，中心敏捷环处站一名队员。在开始后，中心敏捷环处的队员接住标志桶处传来的橄榄球，再传回去；然后跳转面向右侧的标志桶处并接球；重复此动作，直至中心敏捷环处学生接住所有标志桶传来的球。完成后轮流进行，使每个学生都站到中心敏捷环处。

规则：高位接球和低位接球手型。

器材：标志桶 X8、橄榄球 X8、敏捷环 X1

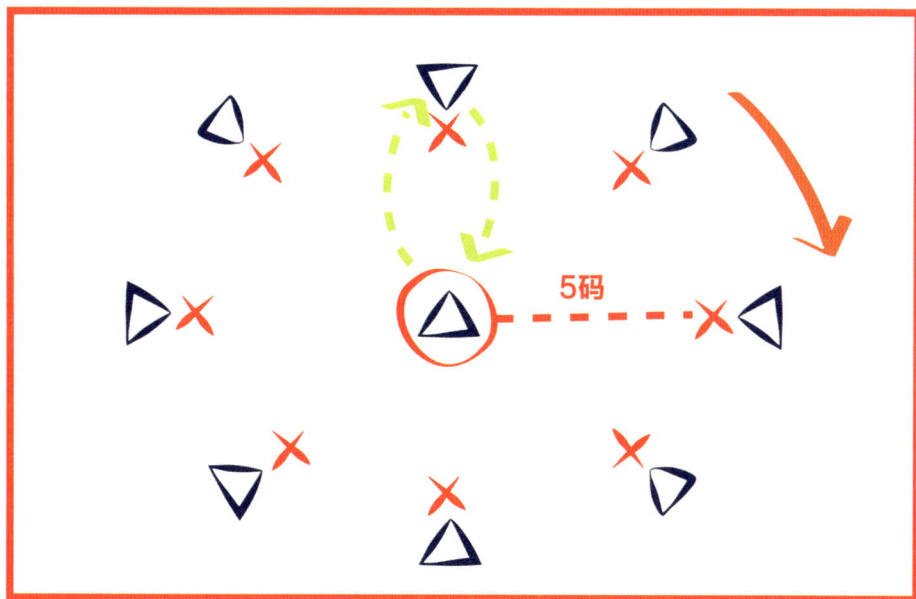

5码

变向追逐

方法：将队员三人一组。一名中卫在四分卫身前，负责开球给四分卫，随后转身判断跑锋跑动路线并拔旗；一名四分卫制定跑锋路线，接到中卫开球后，向后跑动将球交递给跑锋；一名跑锋站在四分卫身后 3~4 码处，开球后接到交递球，并按照四分卫指定路线跑位和躲避。三人轮换进行。

规则：中卫开球姿势和拔旗要点、四分卫接开球姿势和交递球姿势、跑锋交递球姿势和跑动方式。

器材：半圆柱 X4、标志桶 X1、橄榄球若干、腰旗 X1

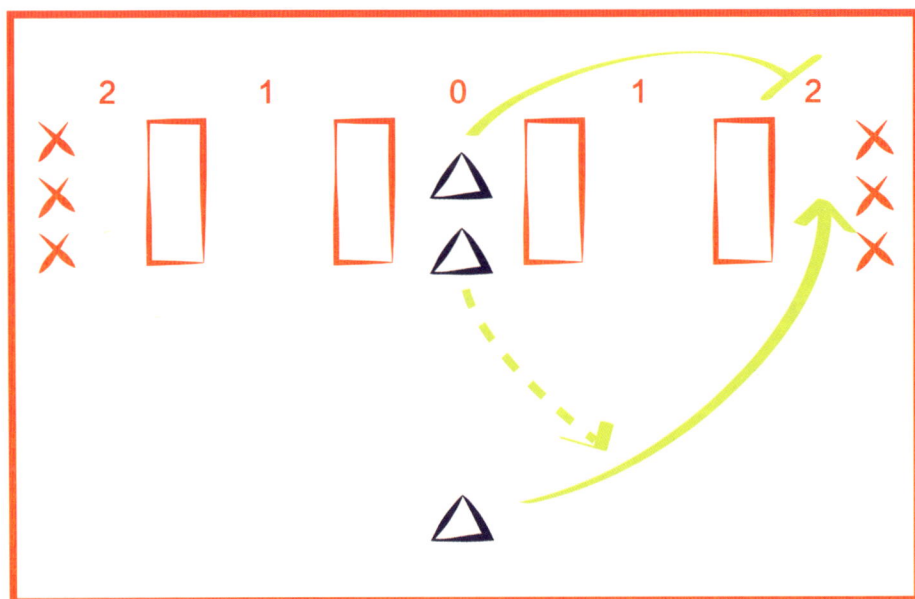

"悬崖勒马"

方法：将队员分成两组。一名四分卫负责传球，剩下人面对面排队站立相距 10 码，站在标志桶后。听到四分卫口令后，每列的第一名队员跑向另一方，在接近对方时，闪向自己的右侧并接住四分卫传球。接住球后去另一侧队尾排队。

规则：外接手摆脱防守、创造空间并接住传球。

器材：标志桶 X4、橄榄球若干

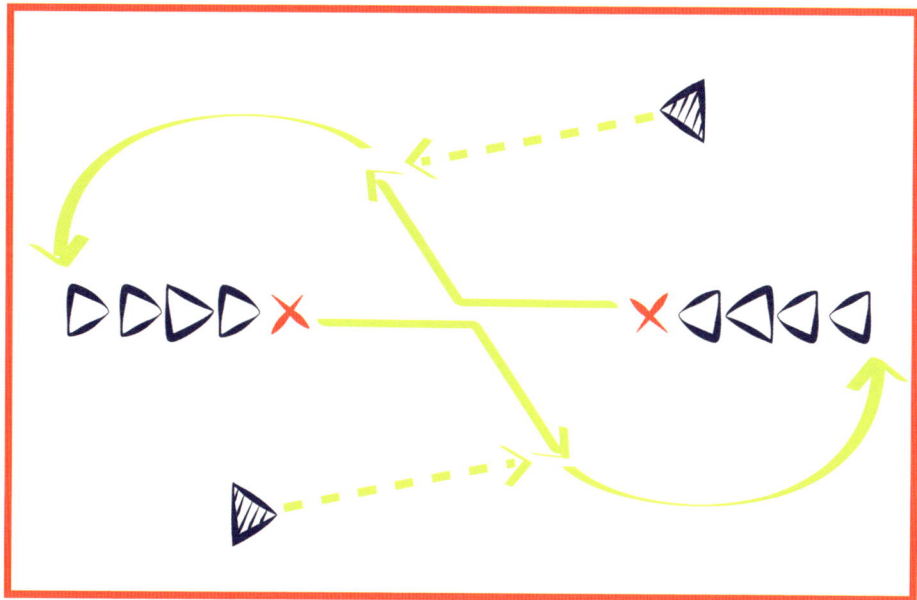

防守追踪

方法：将队员分为三人一组。一名四分卫负责传球给外接手，一名外接手负责跑动路线摆脱防守接住传球，一名防守队员负责盯防外接手并破坏传球或抄截传球，或在外接手接住球后拔旗。三人可轮换角色。

规则：防守队员防守要领。

器材：标志桶 X2、橄榄球若干、腰旗若干

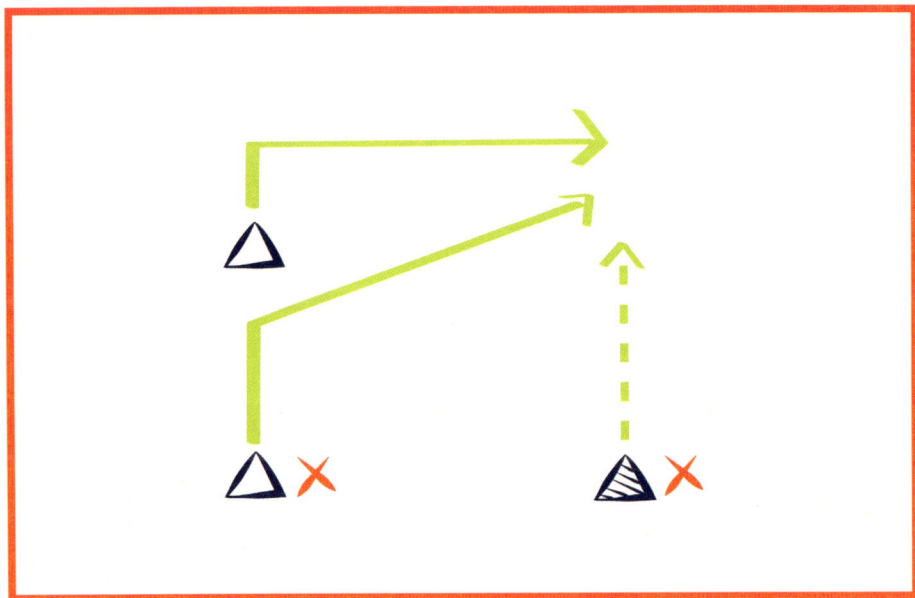

Di

变化

莫测

的阵型

D/01

攻城掠地的进攻阵型

QB 四分卫（Quarter Back，QB）

WR 外接手（Wide Receiver，WR）

RB 跑锋（Running Back，RB）

TE 近端锋（Tight End，TE）

FB 全卫（Full Back，FB）

C 中锋（Center，C）

HB 跑卫（Half Back，HB）

G 进攻护锋（Guard，G）

T 进攻截锋（Tackle，T）

▌阵型

这是一个跑动进攻的阵型（如图），中卫、护锋、截锋、近端锋正常站位，外接手位于两侧靠近边线，两个跑锋（全卫和半卫）位于四分卫后方成一条直线。全卫为半卫开路进行冲跑。也可以选择假装跑动，传给两侧的外接手。

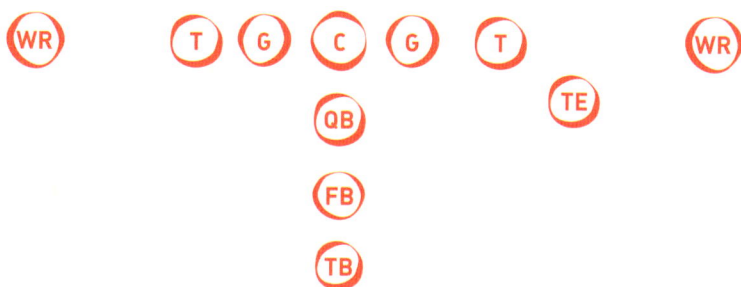

Pro-set 阵型

如果你是一个 NFL 的粉丝，那么你对这个阵型一定不会陌生，（如图）这个阵型的作用是让一个跑锋位于四分卫后方，因为你只有一个跑锋，你便可以增加外接手的人数，或者增加一名近端锋。这是一个非常流行的阵型，因为你可以跑传结合。你可以手递手传球给跑锋让其进行冲跑，或者假跑让跑锋吸引火力或者帮忙阻挡从而传球给外接手。

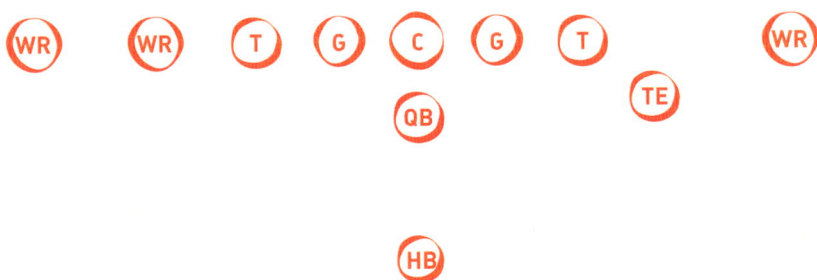

Shotgun 阵型

因为四分卫在距离中卫身后 5 码左右的位置进行开球（如图），线卫能够更好地去保护四分卫，他便有足够的时间和空间去选择传球对象。当突袭进来的时候，他也会有些额外的时间阅读防守或者传球给身边的跑锋。这个阵型通常用于明显传球进攻，四分卫需要足够的视野和传球能力。

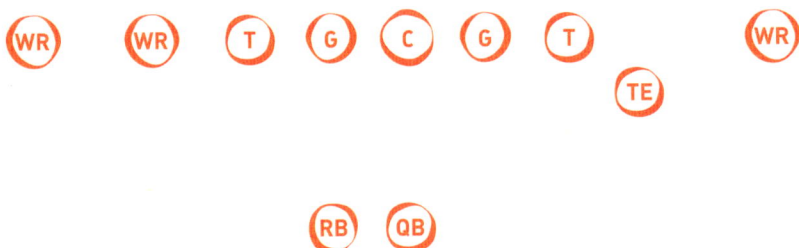

Trips 阵型

这个阵型（如图），作用是 3 位外接手同时平行站于一起。外接手可以选择不同的路线进行跑动。由于外接手的增多，这个阵型通常不需要跑锋。

教练在使用这个阵型通常是在中场结束或者比赛结束前，当时间继续走，而且我方需要快速达阵，3 个外接手站在一起，四分卫将会传出"万福玛利亚（Hail Mary）"传球，外接手的增多意味着接球点的增加，但是这样的传球成功率依然不高。

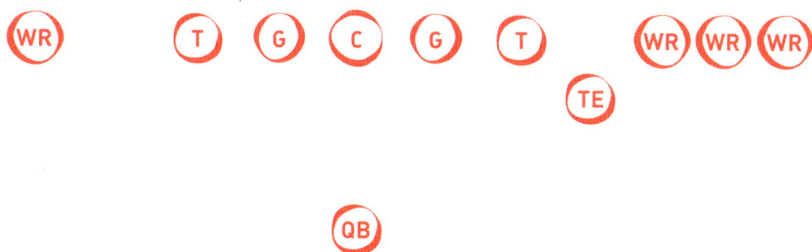

Wishbone 阵型

这个阵型是一个跑动进攻阵型，要求 3 个跑锋，一个外接手，一个近端锋如图所示站位。

这样的阵型能够让跑的战术更为多样化，我们能够向左向右，或者中路突破，对球的保护性也大大提高，同时也能迷惑对手，让其难以察觉球真正是在谁的手上。又或者，当面对我方跑动进攻防守得非常严密时，我们还能够出其不意地给外接手传个长传或者给近端锋来个快速的短传，实用性非常高。

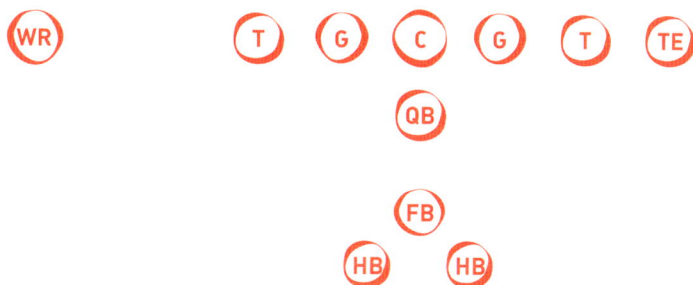

D/O2
变化莫测的防守阵型

当你在选择阵型时，一定要预判对方的进攻战术。比如，一些阵型被设计出来就是用来专门防守跑动进攻，有的则是防守传球的。此外，某些阵型要基于某些位置的特点，就像线卫要有强壮的身体素质和擒抱能力。

ILB	内线卫（Inside Linebacker，ILB）
MLB	中线卫（Middle Linebacker，MLB）
OLB	外线卫（Outside Linebacker，OLB）
DB	后卫（Defensive Back，DB）
CB	角卫（Corner Back，CB）

S	强卫（Strong Safety，SS）
DT	防守截锋（Defensive Tackle，DT）
NT	防守尖锋（Nose Tackle，NT）
DE	防守端锋（Defensive End，DE）

4-3 阵型

优点：能够应对大多数的防守阵型。

缺点：对付那些拥有强壮进攻线的冲跑战术十分吃力。

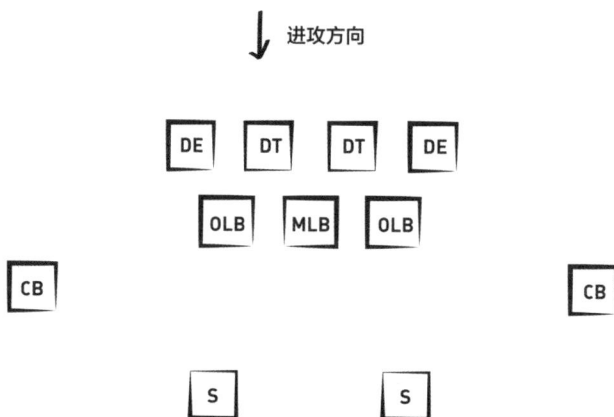

↓ 进攻方向

| DE | DT | DT | DE |

| OLB | MLB | OLB |

CB   CB

S   S

3-4 阵型

优点：有 4 个线卫在中间游走，使得整个阵型更加灵活和快速。

缺点：对那些用短码数冲跑来推进的队伍不起作用。

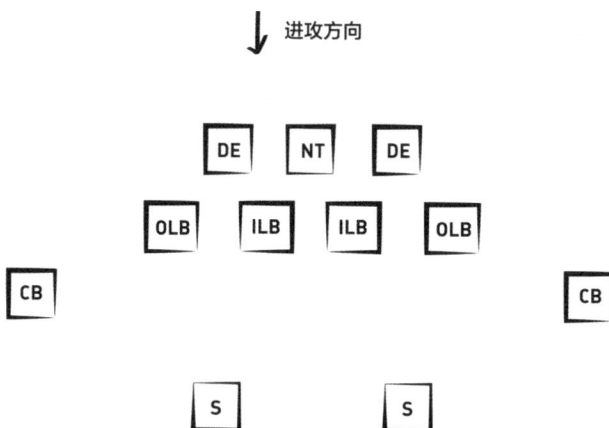

↓ 进攻方向

| DE | NT | DE |

| OLB | ILB | ILB | OLB |

CB   CB

S   S

4-4 阵型

优点：主要是用来防跑，限制对手向外侧推进。

缺点：对于防守那些善于传球或者大码数推进的球队来说不是一个很好的选择。

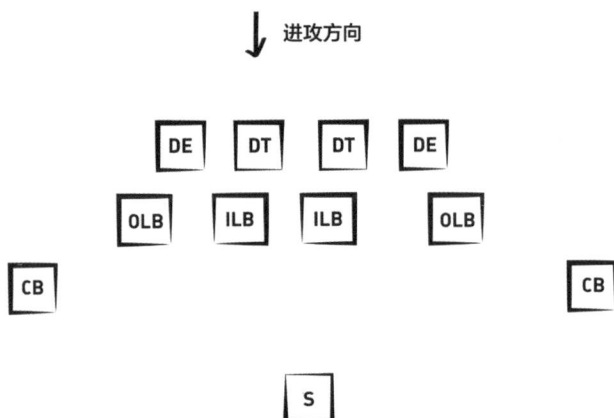

↓ 进攻方向

```
   [DE]  [DT]  [DT]  [DE]
   [OLB] [ILB] [ILB] [OLB]
 [CB]                      [CB]

            [S]
```

5-2 阵型

优点：防守短码数冲跑十分有效。

缺点：对有 3~4 个外接手的球队来说无效。

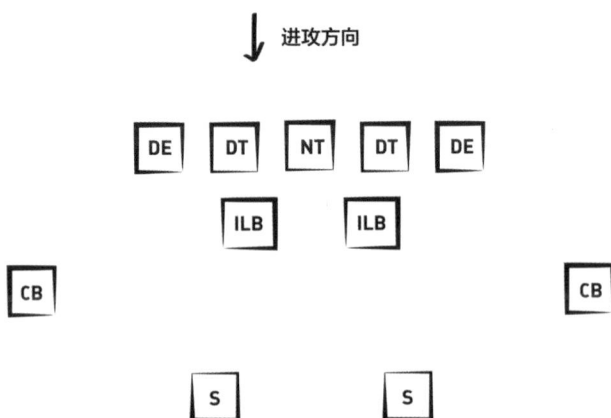

↓ 进攻方向

```
   [DE] [DT] [NT] [DT] [DE]
        [ILB]    [ILB]
  [CB]                    [CB]

      [S]        [S]
```

5-3 阵型

优点：能够很好地应对擅长跑动的队伍，特别是如果你中间的线卫是一个可靠擒抱手。

缺点：没办法很好地应对擅长传球的队伍。

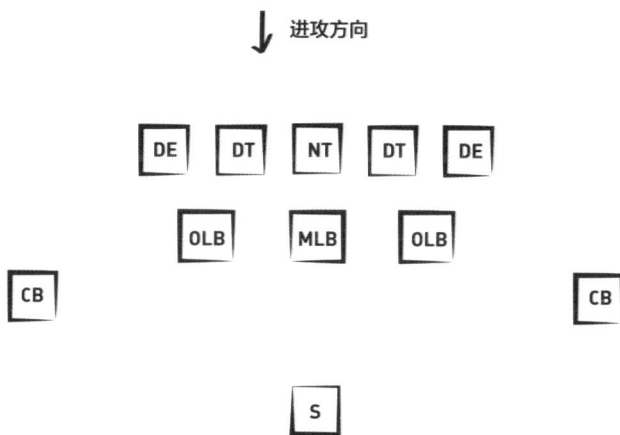

↓ 进攻方向

| DE | DT | NT | DT | DE |

| OLB | MLB | OLB |

CB   CB

S

5-4 阵型

优点：很好地应对跑动进攻以及中短距离的传球。

缺点：在面对一些有经验的四分卫和外接手会显得没那么有效。

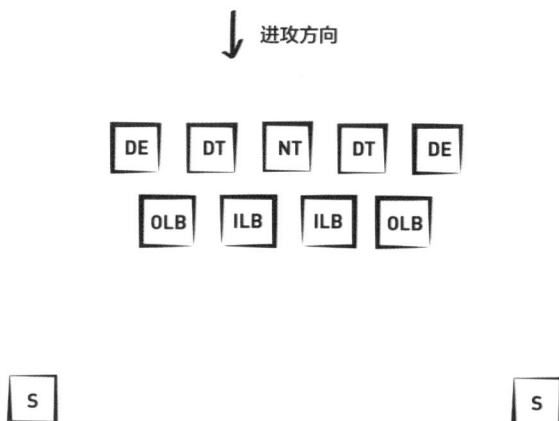

↓ 进攻方向

| DE | DT | NT | DT | DE |

| OLB | ILB | ILB | OLB |

S   S

6-2 阵型

优点：擅长防守短码数的推进特别是对手想要通过跑动来完成。

缺点：由于只有一个安全卫，很难应对长传进攻。

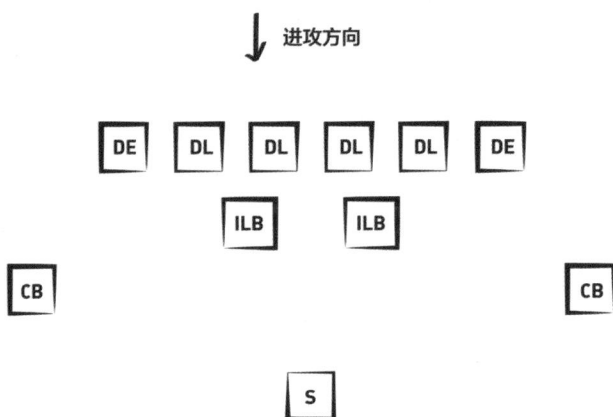

↓ **进攻方向**

| DE | DL | DL | DL | DL | DE |

| ILB | ILB |

| CB | | CB |

| S |

6-3 阵型

优点：适合阻止一些往外侧进攻的跑动战术。

缺点：应对长传时会显得无力，因为只有两个防守后卫。

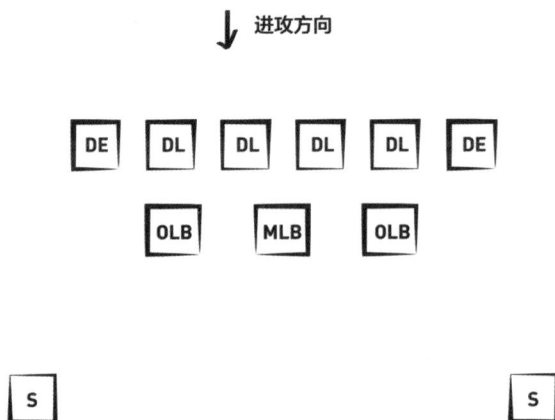

↓ **进攻方向**

| DE | DL | DL | DL | DL | DE |

| OLB | MLB | OLB |

| S | | S |

7-2 阵型

优点：能很好地应对短码数的推进和用于防守阵前的进攻。

缺点：容易受到传球的影响。

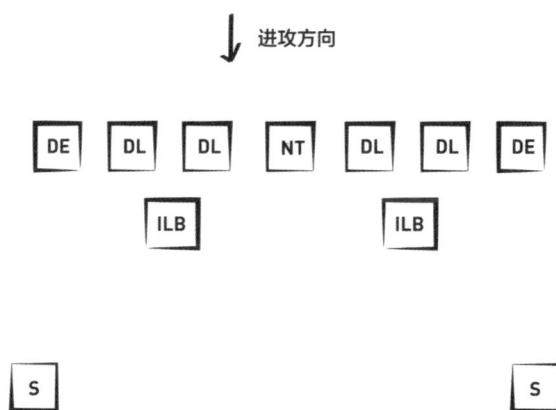

↓ 进攻方向

| DE | DL | DL | NT | DL | DL | DE |

| ILB | | ILB |

| S | | S |

3-3 阵型

优点：对跑动或者传球进攻的队伍通用。

缺点：对善于跑动进攻的队伍不适用。

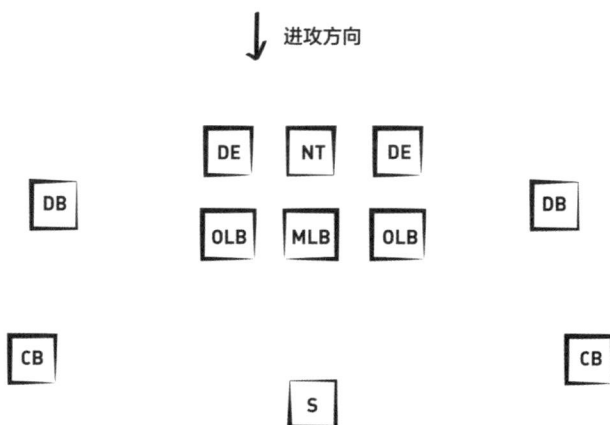

↓ 进攻方向

| DE | NT | DE |

| DB | | DB |

| OLB | MLB | OLB |

| CB | | CB |

| S |

注：大多数的阵型都是用一组数字来进行表示的。像 4-3 或者 5-2。第一个数字指的是防守锋线的数量，
第二个数字指的是线卫的数量。防守后卫的数量不需要明确指出。

橄榄球术语索引
INDEX

中文翻译	英文名词
D	
防守端锋	Defensive end
防守线球员	Defensive lineman
防守截锋	Defensive tackle
防守后卫	Denfensive backs
阵容深度	Depth chart
纵深区域	Downfield
E	
手肘	Elbow
侵犯中立区	Encroachment
附加分	Extra point
F	
面罩、拉面罩犯规	Face mask
渐隐路线	Fade route
安全接球	Fair catch
非法启动	False start
场地裁判	Field judge
侧卫、大外接手	Flanker
G	
空隙	Gaps
球门立柱	Goalpost
橄榄球球场	Gridiron
比赛日	Game day
护锋	Guard

中文翻译	英文名词
H	
半卫	Halfback
名人堂	HOF(Halls of Fame)
海斯曼奖	Heisman Trophy
头盔	Helmet
扶球手	Holder
拉人犯规	Holding
快速进攻	Hurry up offense
超级长传	Hail Mary pass
I	
传球未完成	Incomplete pass
内侧擒抱	Inside tackle
I 字阵型	I-formation
非法阻挡	Illegal block
非法阵型	Illegal formation
弃球	Intentional grounding
抄截	Interception
J	
自由中线卫	JACK
急停	Juke
下巴托	Jaw pad
球衣	Jersey
K	
开球回攻手	Kick Returner

中文翻译	英文名词
踢球手	Kicker
护膝	Knee pad
开球	Kick off
L	
向后传球	Lateral
冲传外线卫	LEO
边线裁判	Line judge
起球线、开球线	LOS(line of scrimmage)
线卫	Linebacker
长开球手	Long snapper
左侧防守端锋	Left end
左护锋	Left guard
左截锋	Left tackle
进攻、防守线上队员	Lineman
M	
人盯人防守	Man coverage
中线卫	Middle linebacker
战术移动	Motion
牙套	Mouth guard
人盯人防守	Man-to-man defense
N	
中立区	Neutral zone
NFL 选秀大会	NFL Draft
无聚商	No-huddle
防守尖锋	Nose Tackle

中文翻译	英文名词
O	
进攻护锋	Offensive Guard
进攻前线球员	Offensive Lineman
进攻截锋	Offensive Tackle
休赛期	Offseason
外线卫	Outside Linebacker
加时赛	OT(overtime)
短踢、赌博踢	Onside kick
P	
传球保护	Pass block
手枪阵型	Pistol formation
抛球冲球	Pitch run play
踢球手	Placekicker
附加分	PAT(point after a touchdown)
球权	Possession
门柱路线	Post route
季后赛	Postseason
季前赛	Preseason
职业碗	Pro Bowl
弃踢回攻手	Punt Returner
弃踢手	Punter
Q	
四分卫评分	QB rating
四分卫	Quarterback

中文翻译	英文名词
R	
常规赛	Regular season
出场档数	Rep
冲撞传球者	Roughing the passer
跑卫	Runningback
S	
擒杀	Sack
安防、安全卫	Safety
工资帽	Salary cap
强侧外线卫	SAM
散弹枪阵型	Shotgun formation
边线	Sidelines
外接手	Slot Receiver
开球，档	Snap
特勤组员	Special Teamer
远端锋	Split End
超级碗	Super Bowl
T	
擒抱	Tackle
近端锋	Tight End
回阵	Touchback
达阵	Ouchdown
触式橄榄球	Touch football
陷阱掩护	Trap block

中文翻译	英文名词
U	
恶意犯规	Unnecessary roughness
违反体育道德犯规	Unsportsmanlike conduct
V	
口头警告	Verbal warning
W	
车轮路线	Wheel route
外接手	Wide Receiver
弱侧外线卫	Will
鸟骨架阵型	Wishbone
Y	
码线	Yardline
接球后码数	YAC(yards after the catch)
黄旗	Yellow flag
Z	
区域突袭	Zone blitz
区域掩护	Zone block
区域盯防	Zone coverage

橄榄球场地尺码换算表

1码（1yd）=约0.9米	20码（20yds）=约18.2米
2码（2yds）=约1.8米	30码（30yds）=约27.4米
5码（5yds）=约4.58米	40码（40yds）=约36.5米
10码（10yds）=约9.1米	50码（50yds）=约45.7米